Especialmente para

....

De

....

Fecha

....

Desde la
Palabra de Dios
al corazón
de la mujer

DIARIO DEVOCIONAL

Janice Thompson

CASA PROMESA

Una división de Barbour Publishing, Inc.

ISBN: 978-1-68322-830-1

Desarrollo editorial. *Semantics, Inc.* P.O. Box 290186, Nashville, TN 37229.
semantics01@comcast.net

Publicado por Casa Promesa, 1810 Barbour Drive, Uhrichsville, Ohio 44683,
www.casapromesa.com

Nuestra misión es inspirar al mundo con el mensaje transformador de la Biblia.

Impreso en China.

introducción

· ·

Las mujeres de Dios son mujeres de propósito. Tienen el sentido innato de haber sido colocadas en el planeta tierra con el fin de lograr algo grande para el reino de Dios. Tener un sentido de propósito te impulsará. Piensa en ello como el proverbial combustible de tu auto. No llegarías muy lejos sin él.

Quizás estés en dificultades. No pareces hallar tu propósito en la vida. ¡Esta inspiradora colección será perfecta para ti. Al leer estos devocionales descubrirás un sentido de aventura y valor que te motivarán a preguntarte: «Señor, ¿por qué me creaste?» y «¿Padre, cuál es tu voluntad/deseo hoy para mí?».

Por supuesto, nadie (hombre o mujer) puede descubrir su sentido de propósito hasta que tiene una relación con su Creador. Conocerle, oír el latido de su corazón, descubrir sus planes para tu vida... todas estas cosas dependen de que camines de su mano. Así que, comencemos por aquí. ¿Has dado el primer paso hacia Dios? ¿Le has rendido tu corazón y tu vida a Él? Si no es así, toma hoy su mano. Permite que te lleve a una relación distinta a cualquier otra que hayas experimentado jamás. Luego, agárrate a Él para el paseo, mientras Él te va revelando un plan tras otro, una aventura tras otra.

Mujer de propósito ¿estás preparada? Desde este momento en adelante, solo mira al frente. No vuelvas la vista atrás. No te quejes con un «vivo una vida tan monótona». Descarta esas palabras y cámbialas por un «¿Adónde vamos hoy, Señor?» y un «Me pregunto qué cosas asombrosas ha planeado Dios para mí al volver la esquina».

Tus mejores días están por llegar; ¿qué es lo que te detiene?

Preparada, lista... ¡ya!

Eres amada

. . . .

*En esto se mostró el amor de Dios para con nosotros, en que
Dios envió a su Hijo unigénito al mundo, para que vivamos por
él. En esto consiste el amor: no en que nosotros hayamos amado
a Dios, sino en que él nos amó a nosotros, y envió a su Hijo en
propiciación por nuestros pecados. Amados, si Dios nos ha amado
así, debemos también nosotros amarnos unos a otros. Nadie ha
visto jamás a Dios. Si nos amamos unos a otros, Dios permanece
en nosotros, y su amor se ha perfeccionado en nosotros.*

1 JUAN 4:9-12 RVR1960

El sentido de propósito es algo que no se puede provocar. Puedes fijar estrategias, planes, establecer objetivos... pero ni siquiera la mujer más talentosa y motivada puede crear un «sentido» de propósito verdadero e interno. Su rostro puede esbozar su más amplia sonrisa, usar su voz más alegre al hablar, pero si por dentro está marchita, lo que refleja en su exterior es pura fachada. Y, admitámoslo... a nadie le gustan las falsedades y, menos aún, la gente que finge. De todos modos, la farsa es algo que no se puede mantener todo el tiempo. Todo ese «finge hasta que logres lo que quieres» no funciona cuando se trata de experimentar la verdadera sensación interna de realización.

Así que hablemos de cómo «conseguir» propósito. Si no puedes elaborar estrategias, planes, ni diseñar tu propio propósito de vida, ¿de dónde se obtiene? De un solo lugar: de tu Padre celestial. Él anhela que sepas por qué fuiste creada, y le encanta cuando captas la visión de lo grande, relevante y emocionante que puede ser tu vida. Y todo esto llega como resultado de una palabra: *amor.*

Cuando entiendes el sentido del desbordante amor de Dios por ti, cuando te das cuenta de la profundidad de su entusiasmo por ti como hija suya, no puedes evitar que te inunde la gratitud. Y la gratitud es una gran motivadora. Te levanta y pone tus pies en un lugar más alto. Te propulsa para que logres cosas que nunca antes conseguiste. Te da el valor que al León Cobarde le encantaría poseer.

Saber que eres amada —profunda e íntimamente amada—, te produce sencillamente un «no sé qué», ¿verdad? Todas buscamos ese tipo de amor y, cuando lo hallamos en la persona de Jesucristo, nos sorprende. Pero, ¿por qué te ama Dios así? Porque eres su hija. Y, como hija suya, desea una relación dulce del tipo «Ven a mi regazo y cuéntame cómo te ha ido hoy». Tener esa clase de intimidad con Aquel que te creó, Aquel que mejor te conoce, te proporciona un sentido de propósito como ningún otro. El amor impulsa. El amor motiva. El amor te envía a un viaje lleno de deleite y gozo.

Detente hoy por un momento, y agradécele a Dios su profundo y constante amor por ti. Cuando te rindes a ese amor, te abres a un camino lleno de emoción. Ya no más «monotonía» para ti, dulce hermana. Tienes mucho que lograr, con su fuerza y su nombre. Así que, ¿qué te retiene? Sal ahí fuera, marca la diferencia en tu mundo, y permite que el amor, su amor, se abra paso.

....

....

....

....

....

....

....

....

....

....

....

....

....

....

....

....

Tú eres única

· ·

*Pero ustedes son linaje escogido, real sacerdocio, nación santa, pueblo
que pertenece a Dios, para que proclamen las obras maravillosas
de aquel que los llamó de las tinieblas a su luz admirable.*

1 PEDRO 2:9 NVI

Tú eres única. No existe nadie como tú en el planeta tierra. Es posible que otras tengan tu mismo color de pelo, el tono de tu piel, o tu acento, desde luego, pero no hay ninguna como tú. No solo es tu huella dactilar exclusiva la que te diferencia. Tu corazón, tu amor por los demás... todo forma una parte compleja del inteligente y creativo diseño de Dios cuando se le ocurrió la idea de darte la vida.

A lo mejor eres como Catherine, una chica adolescente que se sentía *demasiado* única, demasiado diferente. Era la menor de tres hermanas, y sentía como si no encajara allí. Sus talentos y sus habilidades eran otras que los de sus hermanas mayores. Su figura era distinta. Sus curvas eran un poco más pronunciadas. Hasta su personalidad era diferente. Sus hermanas mayores eran sociables, de carácter extrovertido. Ella tendía a ser más reservada y tímida. Los padres de Catherine hacían todo lo que podían para animarla, pero servía de poco. En lugar de celebrar su singularidad, luchaba siempre contra ella. No fue hasta llegar a la edad adulta cuando Catherine comenzó a percibir sus diferencias como una ventaja y no como un perjuicio.

Quizá puedas identificarte. Tal vez veas tu exclusividad en esas pequeñas cosas que te diferencian de otras mujeres, tanto en lo físico como en lo psicológico, como un problema. No te miras al espejo y dices: «Vaya, mira lo especial que soy por ser diferente». A lo mejor dices: «¡Uf! ¿Por qué no puedo ser como todo el mundo?».

¿Cómo vences estos sentimientos? Afrontando el hecho de que la singularidad no es una maldición, sino una bendición. Piensa en ello. Dios nunca tuvo la intención de que sus chicas fuesen moldes de galletas. (De todos modos, ¡qué aburrido sería!). Todas tenemos nuestro propio estilo individual y personal. Imagínate al Todopoderoso poniendo un pequeño sello en tu frente que señale «¡Única! ¡Diseñada de forma exclusiva! ¡Esta es diferente... y me gusta!». Por otra parte, si Dios puso un sello en tu frente, también tendría que haber hecho lo propio con las demás, porque todas fuimos creadas de forma única. Al igual que los copos de nieve, ninguna mujer es como otra, ni debería esforzarse en serlo.

No te remodeles para parecer, actuar o ser como otra persona. No te preocupes por tus diferencias. En lugar de eso, ¡toma la decisión de celebrarlas! Comprender y apreciar tu singularidad es increíblemente liberador. Cuando estás feliz de ser única, cada pequeña «diferencia» es un rasgo especial. «Solo hay una como yo» se convierte en un lema del que puedes sentirte orgullosa. Así que, ¿a qué estás esperando? ¡Celebra tu diseño único y observa cómo Dios te libera hasta conseguir grandes cosas que solo tú puedes lograr!

....

....

....

....

....

....

....

....

....

....

....

....

....

....

....

....

....

....

Puedes lograr muchos objetivos

Pero esforzaos vosotros, y no desfallezcan vuestras manos, pues hay recompensa para vuestra obra.

2 CRÓNICAS 15:7 RVR1960

Es difícil lograr objetivos si no los estableces. Por eso es tan importante considerar el camino que tienes ante ti, con esperanza y emoción, elaborar estrategias, soñar. No se supone que debamos preocuparnos por el futuro, sino que se nos alienta a planearlo.

Considera la historia de Jeannie. Deseaba lanzar su propia empresa de decoración de interior. De hecho, soñó con ello durante años, pero apenas hizo nada. Claro que quería dar un paso de fe, pero la vida siempre parecía interponerse. No creó un plan viable para su negocio, de modo que el negocio nunca llegó a despegar. Aunque nunca hablaba de ello en público, esto se la estaba comiendo por dentro. Cada vez que Jeannie se cruzaba con alguna exitosa mujer de negocios (una amiga, un miembro de su familia, o alguien de su iglesia) luchaba con los celos. «¿Por qué a ella le va tan bien con su negocio y a mí no?».

La respuesta, por supuesto, se podía encontrar en esta declaración: «Para tener éxito debes elaborar una estrategia». En lugar de armar un plan, Jeannie simplemente se encogió, se tragó su amargura, y volvió a su vida diaria. Guardó su ambición, temiendo no poder lograr sus objetivos. Y, la verdad sea dicha, no pudo lograrlos... porque desistió demasiado pronto.

Así pues, mujer de propósito, ¿cómo te sientes con respecto a la estrategia? ¿Eres una establecedora de objetivos? ¿Eres una elaboradora de estrategias? El Señor quiere ser el centro de tus planes, y se emociona cuando confías en Él para las cosas que parecen sobrepasarte. Por tanto, ¿por qué no cerrar tus ojos y reflexionar sobre los «y si»? ¿Qué sueño has dejado escapar porque parecía imposible? Quizás sea el momento de preguntarle al Señor si quiere que resucites ese sueño. Luego, con su ayuda, elabora un plan de acción.

«¿Qué tipo de acción?», te preguntarás. Establece una planificación viable. Crea una hoja de cálculo que puedas consultar a diario, una que implemente un plan sólido de acción, paso a paso. Si deseas escribir un libro, aparta tiempo para escribir. Si quieres crear una empresa de diseño de interiores, asegúrate de establecer un plan paso a paso, uno que incorpore tanto la parte del negocio como la parte del diseño. Luego sal de tu zona de confort y, poco a poco, haz las cosas que figuran en tu lista. Es posible que avances muy lentamente hacia la meta, pero al menos estás haciendo un progreso.

La idea es que tienes que establecer objetivos o seguramente nunca los alcanzarás. Mujer de propósito, ¿a qué estás esperando? ¡Abre esa hoja de cálculo y comienza a anotar algunos objetivos! ¡Podrías sorprenderte al ver dónde te lleva el camino!

Has resuelto la cuestión «eterna»

Porque tanto amó Dios al mundo que dio a su Hijo unigénito, para que todo el que cree en él no se pierda, sino que tenga vida eterna.

JUAN 3:16 NVI

Muchas mujeres no han reconocido su propósito, porque simplemente no se han dado cuenta del verdadero significado de la vida en Cristo. Una vez que le entregas tu corazón, el propósito se hincha dentro de ti como la levadura en la masa del pan no horneado aún. Cuando caminas en un una relación continua con tu Creador, empiezas a considerar esta vida, tu tiempo en la tierra, como un anticipo de la vida que está por llegar en el cielo. Es un viaje continuo.

Detente y piensa en ello. La mayoría de nosotras estamos tan fascinadas por lo que sucederá justo delante de nuestras narices. No tenemos una perspectiva eterna. Estamos liadas con el pago de la hipoteca, con llevar a los niños al pediatra, en un interminable ir y venir a los entrenamientos de fútbol, al estudio bíblico en la iglesia, al supermercado. Olvidamos que las «cosas» que suceden justo delante de nosotras es un destello diminuto de la historia «eterna».

¿Has resuelto el asunto eterno? Si no es así, entonces echa un vistazo a los cuatro primeros libros del Nuevo Testamento y lee sobre la vida de Jesús. Él se humilló viniendo a esta tierra, no por sus propios propósitos, sino por ti. Eso es... ¡por ti! Vino como abogado, un mediador, para llevar el peso de tus pecados, de tus errores. Cargó con esos pecados todo el camino hasta la cruz, donde su sangre se derramó como sacrificio por toda la humanidad. Él nunca pecó y, sin embargo, murió por los pecados de todos los hombres y mujeres, para que pudiéramos tener la oportunidad de vivir... ¡eternamente! ¡Nuestro pecado ya no nos separaría de Dios!

¿Qué pide Él a cambio? Tu corazón. Tu amor. Tu dedicación. Y aquí va un pequeño secreto: una vez que te enamoras de Él, una vez que ofreces tu corazón en adoración a Aquel que cargó con tus pecados, te sientes feliz de servirle con tu vida. No puedes esperar a pasar tiempo íntimo con Él, a hacerle preguntas como: «Señor, ¿cómo puedo serte útil hoy?» o «Padre, ¿cómo puedo llegar a aquellos que me rodean y mostrarles tu amor hoy?».

La cuestión es que tendrás un sentido radical de propósito cuando comprendas el amor de Dios por ti. Y ese propósito se extenderá para incluir toda la eternidad. Mirarás a tu vecina de la puerta de al lado y pensarás: *¿Cómo puedo llegar a ella para que pueda compartir la eternidad conmigo?* Ya no te estremecerás cuando un vendedor grosero venga a tu puerta. En cambio, te preguntarás cómo puedes ministrarle para hacerle saber del amor de Dios.

Tu propósito crecerá conforme crezca tu perspectiva «eterna». ¡Y qué perspectiva tan maravillosa es!

Tienes propósito

El Señor cumplirá en mí su propósito. Tu gran amor, Señor, perdura para siempre; ¡no abandones la obra de tus manos!

SALMO 138:8 NVI

Tener propósito significa tener una razón. Piensa en ello por un momento. Si tienes un nuevo cachorrito, tienes una razón para salir y dar paseos al sol. Si tienes un trabajo, tienes una razón para salir de la cama cada mañana. Si tienes hijos que necesitan ser alimentados, tienes una razón para cocinar. Aunque tus ojos no puedan ver «el propósito», es la «razón» que define lo que hace. Impulsa. Motiva. Lleva.

Tienes propósito. Detente a pensar en el significado de esas palabras a la luz de lo que ya hemos tratado. Tienes una razón significativa para estar en el planeta tierra. No fuiste colocada aquí por accidente. ¡Al contrario! Tú marcas la diferencia. Una transformadora de vida. Una mujer de la que se comenta: «¡No podemos prescindir de ella, ni quiera querríamos intentarlo!». Tu propósito eterno nos remite al llamado que Dios puso en tu vida incluso antes de que nacieras.

Tómate un segundo para pensar en ello. Dios colocó sus deseos dentro de ti antes de que tuvieras el primer aliento de vida. Tu diseño único y creativo estaba en su corazón antes de que tuvieras entrada en el mundo. Tenía un plan para tu vida, y esperaba que alcanzaras la visión.

¿Lo has hecho? ¿Has alcanzado la visión de todo lo que puedes lograr para Él? Quizá estás preparada para rodar, ansiosa por estar ocupada. Has descubierto tus dones únicos y, como resultado, has elaborado un plan. Tu corazón está latiendo. Tu imaginación va a toda marcha. Estás más que preparada, porque sabes que hay trabajo por hacer. ¡No te retengas hermana! ¡Sal de tu zona de confort y entrégate a tu vida de propósito! No, no puedes verlo con tus ojos, pero puedes sentirlo en tu corazón.

Piensa en la historia de Belinda. Sentía un impulso interior desde que era joven, uno que no la abandonaría. Eso la motivó a acercarse al Señor. La empujó a ir a un colegio bíblico. La motivó a casarse con un hombre de Dios que tenía ideales parecidos. La condujo a comenzar una escuela de arte cristiana para que los niños y las niñas pudieran descubrir sus dones únicos. Y así siguió la cosa mientras ella se derramaba en una vida tras otra, en un niño tras otro, en un adulto tras otro. Y todo se remontaba a un «sentimiento» que tuvo siendo niña, respecto a que había sido colocada en este planeta para hacer algo especial, algo relevante, por el gran amor que sentía por su Padre celestial. ¡Hablando de cosas apasionantes!

¿Sientes la pasión de Belinda por la vida? ¿Compartes un entusiasmo parecido? ¿Te impulsa cada día ese sentimiento de «tengo que continuar»?; si es así, ¡regocíjate! Estas cosas son regalos celestiales, directos desde el corazón del Padre al tuyo. Así que, no esperes más. ¡Sumérgete en tu vida de propósito!

TU CUERPO ES UNA VASIJA

*¿Acaso no saben que su cuerpo es templo del Espíritu Santo,
quien está en ustedes y al que han recibido de parte de Dios?
Ustedes no son sus propios dueños; fueron comprados por
un precio. Por tanto, honren con su cuerpo a Dios.*

1 CORINTIOS 6:19-20 NVI

Algunas mujeres parecen tener más empuje que otras, más iniciativa. Sienten su singular llamado y siempre están preparadas para responder. Gran parte del resto de nosotras estamos cansadas. Estamos «hechas polvo» (como podría haber dicho una bisabuela), porque estamos abrumadas de trabajo y demasiado ocupadas. Una mujer de propósito debe tener la energía para hacer las cosas a las que Dios la ha llamado, y eso comienza por el cuidado de su cuerpo. Cuando tu organismo está exhausto, no eres capaz de funcionar del mismo modo.

Tu cuerpo es una vasija. Un templo. El Espíritu de Dios reside dentro de ese templo. Y es crítico que mantengas en buena forma ese templo, no solo por tu propia salud, sino por amor a los que te rodean y al evangelio. Al fin y al cabo, estás predicando un sermón con tu vida. Y si el mensaje es siempre el mismo, «¡Abrumada de trabajo! ¡Agotada! ¡Hábitos alimenticios pobres!», puede ser que a los demás no les interese tanto lo que estás promocionando.

A lo mejor es el momento para un cambio. Un cambio en tus hábitos de sueño. Cambio en la dieta. Cambio en el ejercicio. Quizás incluso sea hora de cambiar de perspectiva. A lo mejor es posible que necesites contemplar tu vida y tu situación de un modo diferente. Si es así, valorarás la historia de Marcia. Ella daba de su tiempo, de sus talentos, de su energía, en múltiples formas; nunca le decía que no a nadie ni a nada. Como mujer motivada y con empuje, la palabra *no* simplemente no figuraba en su vocabulario.

Hasta que enfermó. Su cuerpo comenzó a rebelarse, y se vio en la cama durante varios días consecutivos, incapaz de funcionar. Pasó algún tiempo a solas con el Señor, y tuvo un gran problema de angustia mental antes de empezar a entender por fin que aquello mismo que la empujaba —la motivación, el celo— acabaría con ella si no se cuidaba.

Y así, cambió su ritmo. Seguía con su impulso. Seguía motivada. Pero ahora, tenía equilibrio. Tomó la decisión de decir que sí tan solo a las cosas que llevaban el sello de aprobación de Dios. Hirió algunos sentimientos renunciando a las cosas, desde luego, pero a fin de cuentas su salud importaba más que agradar a las personas.

¿Puedes identificarte con la historia de Marcia? De ser así, tal vez sea el momento de volver a analizar tus «síes» y contestar algunas veces que «no». Solo tienes un cuerpo y es necesario que cuides de él de la mejor forma posible. Mujer de propósito, ¡la clave es el equilibrio!

....

....

....

....

....

....

....

....

....

....

....

....

....

....

....

....

....

....

....

....

Puedes desconectar la negatividad

La actitud de ustedes debe ser como la de Cristo Jesús, quien, siendo por naturaleza Dios, no consideró el ser igual a Dios como algo a qué aferrarse. Por el contrario, se rebajó voluntariamente, tomando la naturaleza de siervo y haciéndose semejante a los seres humanos.

FILIPENSES 2:5-7 NVI

¿No te alegra saber que puedes desconectar las voces negativas que te rodean? Sin duda están por todas partes, en casa, en el lugar de trabajo, en la televisión. Pero los pesimistas no te desanimarán cuando tus pensamientos se centren en lo que la Palabra de Dios declara acerca de ti.

¿Y si las voces negativas en el trabajo o en tu escuela dicen que eres un fracaso? ¿A quién le importa si tus padres no pensaban que harías algo de provecho con tu vida? ¿Por qué preocuparse por los profesores que sentenciaban que nunca llegarías a nada? La Palabra de Dios asevera que eres una campeona, alguien que marca la diferencia. ¿Qué importa si las voces negativas de tu cabeza te susurran que nunca estarás a la altura de otras mujeres de tu iglesia o de tu vecindario? La Biblia asegura que tienes todo cuanto necesitas en Cristo. Y ¿por qué afligirte si intentas algo y fracasas? Fracasar es un gran motivador para intentarlo de nuevo, ¿no es así?

Cierto, siempre existirán aquellos que piensan que son mejores que tú, y, afrontémoslo, siempre habrá personas que cocinen mejor, que tengan mejor aspecto, o que presenten una mejor imagen de la vida ideal, pero Dios indica que eres completa y que no te falta nada. Tu enfoque debería permanecer en el Señor, no en las personas, sobre todo en aquellas que se empeñan en hundirte.

Así que, ahoga las voces que te rodean memorizando los versículos de las Escrituras. Pega en las paredes algunos que hayas elegido con cuidado. Coloca versículos motivadores en el espejo de tu baño, en tu nevera, en el salpicadero de tu coche. Ponlos en cada lugar al que vayas para que nunca olvides lo que el Señor piensa (y dice) sobre ti. En breve, serán una parte natural de tu conversación y de tus pensamientos. Las palabras que has memorizado serán tu primera respuesta a las voces negativas que te rodean. ¡Mantén conversaciones alentadoras!

Cuando te sientas derrotada, recita en voz alta la Palabra de Dios. Canta canciones de alabanza. En breve no recordarás las palabras feas que se comentaron sobre ti. El «no lo lograrás» o el «¿quién te crees que eres para intentar algo así?» se apagarán con el gozo de tu corazón. Solo recordarás lo que Dios afirma sobre ti. Y lo que dice... bueno, ¡es todo bueno! Mujer de propósito, considéralo durante un tiempo. Pronto te sentirás motivada para intentarlo una y otra vez. ¿Y esas voces negativas que te rodean? NI siquiera las oirás. Estarás tan ocupada cantando alabanzas a tu Padre celestial que las ahogarás.

Tienes una actitud de gratitud

*Que habite en ustedes la palabra de Cristo con toda
su riqueza: instrúyanse y aconséjense unos a otros con
toda sabiduría; canten salmos, himnos y canciones
espirituales a Dios, con gratitud de corazón.*

COLOSENSES 3:16 NVI

Las mujeres de propósito contemplan el cuadro panorámico. No se centran en sí mismas ni en las diferentes cosas que van mal en la vida cotidiana. Consideran que cada momento, cada amanecer, cada sonrisa de un niño o la caricia de un cachorro con su nariz son un regalo. Han aprendido el secreto: la gratitud no es algo que se haga aparecer. Cuando estás perdidamente enamorada del Dios que te creó, es fácil sentir gratitud.

El orador motivacional y maestro, Zig Ziglar, acuñó la frase «Ten una actitud de gratitud», ¡y estaba en lo cierto! Esta actitud (que es la misma que tuvo Jesucristo) ayuda mucho. ¡Adivina qué sucede cuando sientes gratitud por cada pequeña cosa! Descubres mucho más por lo que estar agradecida. Las «pequeñas» bendiciones se convierten en grandes para ti. Tu agradecimiento es sumamente genuino en tu corazón por los muchos gozos de la vida.

Con toda seguridad, Regina lo comprendió. Creció en un hogar en el que la gratitud era una parte natural de la vida, donde sus padres se detenían en medio de cualquier situación o circunstancia para ofrecer alabanza a Dios por cada pequeña bendición. Ver lo bueno de las cosas, ver el vaso medio lleno, se convirtió en parte de su naturaleza. Los demás se preguntaban si ella era «de verdad» por su personalidad positiva, optimista y jovial. ¡Lo era! Podías pellizcarla, darle un codazo, tirarla al suelo... y aun así encontraría una forma de bendecir a Dios en medio de ello. ¡Y tampoco estaba fingiendo! ¿Cómo podía vivir así? Su actitud de gratitud era innata, y se veía tanto a través de los buenos momentos como de los malos.

Gratitud. Agradecimiento. Reconocimiento. Las palabras que condujeron a Regina a vivir su vida de tal modo son las palabras en las que la mayoría de nosotras apenas nos detenemos a pensar. Deberíamos. Cuando eres una mujer de propósito, cuando comprendes el sello único de Dios y su llamado en tu vida, entonces te das cuenta de lo importante que es ser agradecida por las cosas que Él está haciendo en tu vida, ¡las grandes y las pequeñas! Se dice que puedes tener un «carácter» de gratitud o un «estado» de gratitud. ¡De ti depende decidir cuál!

Así que, ¿por qué te sientes agradecida hoy? Si eres como Regina, te enfrentas a buenas y malas circunstancias. Escoge responder a todas ellas con una actitud de agradecimiento en tu corazón; ¡a continuación, mira cómo Dios te da incluso más cosas por las que estar agradecida!

....

....

....

....

....

....

....

....

....

....

....

....

....

....

....

....

....

....

....

....

....

....

....

Has sido renovada

. . . .

*Por tanto, no nos desanimamos. Al contrario, aunque por fuera nos
vamos desgastando, por dentro nos vamos renovando día tras día.*

2 CORINTIOS 4:16 NVI

¿Alguna vez has meditado en la palabra *renovada*? El prefijo «re-» significa «de nuevo». Por tanto, ser renovada es ser hecha de nuevo... una vez más. La palabra evoca imágenes de nuevos comienzos. Nuevos amaneceres. Las cosas pasadas colocadas otra vez en su lugar adecuado... ¡en el pasado!

¿Por qué es importante esto para ti como mujer de propósito? Porque tú (igual que las grandes mujeres antes de ti), dulce hermana, a veces sentirás ganas de rendirte. Desearás una nueva situación, una nueva perspectiva, una nueva oportunidad, una nueva posibilidad. Necesitarás una visión, un nuevo sentido de esperanza, una nueva perspectiva. Y puedes tenerlo. Puedes ser renovada de una forma que cambiará tu vida para siempre.

Considera la historia de Jane. Vivió la mayor parte de su vida adulta en un matrimonio difícil. No quería volver atrás, pero tampoco podía averiguar cómo avanzar. Lo que necesitaba (y finalmente consiguió) era una nueva perspectiva. Le pidió al Señor que renovara su visión, que le proporcionara una nueva esperanza, nuevos sueños. Depositó su vida en las manos de Dios y Él, el Autor Todopoderoso de su historia, inició una obra dentro de ella que incluía muchas «nuevas» cosas: un nuevo trabajo, un nuevo lugar donde vivir, una nueva perspectiva. Por supuesto, ella aún luchaba con algunos asuntos del pasado, pero su esperanza renovada no le hizo mirar tanto por encima del hombro como solía hacer. Lo mejor de todo, tenía un sentido renovado de esperanza, que aportó una vez más a su vida energía y vitalidad.

¿Y tú qué? ¿Existen ámbitos en tu vida que necesiten ser renovados? ¿Precisa tu esperanza ser restaurada? ¿Necesitas una razón para poner un pie delante del otro? Es posible que tu historia sea diferente a la de Jane, pero el asunto global es el mismo: necesitas un comienzo fresco. No importa a qué te estés enfrentando, tu perspectiva, tu punto de vista, puedes ser renovada de nuevo. Dios se dedica al menester de la restauración. Nada es demasiado difícil para Él. Puede tomar lo viejo, soplar aliento de vida en ello, y darte esperanza para el futuro, mucho más allá de lo que te atrevías a creer que era posible.

Mujer de propósito, confía hoy en Él. Reaviva tu pasión por Él, y observa después cómo renueva tu visión, tu perspectiva y tu esperanza.

....

....

....

....

....

....

....

....

....

....

....

....

....

....

....

....

....

....

....

....

....

....

....

....

No te asusta el cambio

*Por lo tanto, si alguno está en Cristo, es una nueva
creación. ¡Lo viejo ha pasado, ha llegado ya lo nuevo!*

2 CORINTIOS 5:17 NVI

Algunas personas se encogen ante la idea de un cambio. Un nuevo trabajo. Una casa nueva. Una nueva relación. Cambiar de una iglesia a otra. Los años de nido vacío. Tantas veces en la vida tenemos que comenzar de nuevo. Es inevitable, y debemos afrontarlo, pero rara vez es divertido. De hecho, nuestro nivel de estrés puede crecer, y mucho, cuando nos enfrentamos a un cambio.

Quizá el verdadero enemigo aquí sea la palabra *de nuevo*. Comenzar «de nuevo» nos hace sentir como si algo hubiera ido mal la última vez. Pero ese no siempre es el caso. A veces, simplemente tenemos que llegar a un lugar nuevo, incluso cuando el «antiguo» parecía perfecto y bueno. Por supuesto, es duro, pero puedes hacerlo con la ayuda de Dios.

A lo mejor te sientes estancada. Tus pies están en el lodo. Empezar de nuevo hace aparecer imágenes de agotamiento. Parece demasiado trabajo. Y ¡hablando de riesgo! ¿Quién necesita ese tipo de estrés? Aun así, desearías que las cosas pudieran cambiar. Quizá estés en un trabajo (o en una relación) del que quieras salir, pero no sabes cómo dar ese primer paso. La idea de cambiar parece abrumadora. Tienes miedo. ¿Qué se puede hacer?

Piensa en la historia de Cheryl: ella y su esposo criaron a sus cuatro hijas en la misma casa en la que sus padres habían vivido. Cheryl amaba ese hogar. Era familiar. Cómoda. Todo parecía de verdad. Entonces, al mismo tiempo que su hija más joven abandonaba el nido, se vio obligada a mudarse a un lugar nuevo. Las circunstancias iban más allá de lo que podía controlar y se sentía completamente perdida. Comenzar de nuevo... ¿en esta etapa de la vida? Afortunadamente, se adaptó bien al nuevo lugar y siguió creando muchos recuerdos maravillosos con sus hijas (y, finalmente, sus nietos) en su nueva casa. ¡Pero fue duro llegar ahí!

Aquí tienes algo sobre lo que meditar hoy: La palabra *riesgo* no es una palabra mala. Cuando te enfrentas al temor de lo desconocido puedes percibir riesgo, pero ¿no es ahí donde entra la fe? Todo en la vida es un riesgo. Cada aventura, cada reto, cada «movimiento de fe ciega» implica salir a lo desconocido y confiar en que el Dios-que-te-adora lo tiene bajo su control. Qué maravilla es saber que esto es así. Es posible que sientas temor, desde luego. Es posible que te enfrentes a lo desconocido con los ojos vendados y que te estés preguntando qué te espera a la vuelta de la esquina, pero Dios irá contigo y te llevará de su mano.

¡Ten ánimo! ¡Estás llena de energía para las tareas que están por delante! El cambio no hace que te detengas en seco. Lo aceptas, y hasta miras hacia delante porque confías en Aquel que lo ha orquestado todo.

....

....

....

....

....

....

....

....

....

....

....

....

....

....

....

....

....

....

....

....

Puedes ralentizar las cosas

. . . .

Esfuérzate por presentarte a Dios aprobado, como obrero que no tiene de qué avergonzarse y que interpreta rectamente la palabra de verdad.

2 TIMOTEO 2:15 NVI

Quizás por vivir en un mundo en que todo es tan «instantáneo», sentimos la necesidad de hacer las cosas con rapidez. Está claro que nos incomoda todo aquello que nos ralentiza, sobre todo cuando se trata de la falta de conocimiento por nuestra parte. Pero moverse a tanta velocidad las 24 horas, de los 7 días de la semana, no es bueno... ni para nuestro cuerpo, ni para nuestra mente, ni para nuestro espíritu.

Tal vez podrías identificarte con la historia de Christie: Era la madre de familia por excelencia, incluso en lo que concernía a la *minivan*. Sus días pasaban en frenética actividad, desde su trabajo a tiempo completo en una firma de abogados a recoger a los niños de la escuela y llevarlos a sus entrenamientos. Justo cuando pensaba que las cosas no podían ajetrearse más, su hija se presentó a unas audiciones para una obra escolar... y obtuvo el papel principal. Toda la familia al completo terminó involucrándose en la confección de disfraces, en la construcción de partes del decorado, y trabajo entre bastidores. ¡Uff! Christie apenas podía concentrarse debido al agotamiento. La semana del gran espectáculo, todos los miembros de la familia explotaron. Terminaron todos enfermos y lo más probable es que se debiera al cansancio. Aun así, el espectáculo debía continuar. Siguieron adelante, pero una vez que las cortinas se cerraron tras la actuación final, Christie supo que nunca podría permitir que se repitiera aquel desastre. Debía dejar algo. La próxima vez no podían hacer juegos malabares con el deporte y el espectáculo al mismo tiempo. ¡De ningún modo!

¿Te sientes como si hubieras caminado o conducido un kilómetro y medio en los zapatos de Christie? A lo mejor estás leyendo este devocional sobre la marcha porque estás demasiado ocupada. Es posible que desees tener más tiempo para saborear el tiempo que pasas con la Biblia o en oración, pero estás tan agobiada que parece imposible.

Mujer de propósito, ¿qué necesitas para ralentizar? ¿Qué necesitas hacer, o dejar, para conseguirlo? Si has estado demasiado ocupada con los niños, saltando del entrenamiento de fútbol a la clase de ballet, entonces es posible que sea el momento de mantener una charla seria con tu familia acerca de lo que sería más realista. Si te has sentido superada por los trabajos de voluntariado (en la iglesia o en organizaciones cívicas), quizás sería necesario un tiempo de descanso. Aunque es genial servir, aprender a decir no puede resultar muy liberador.

Aclara tu mente para detener la locura. Detén las prisas. Solo hay veinticuatro horas en el día. Y eso es así. Pero no disfrutarás de ninguna de ellas si vas zumbando por la vida a mil por hora. Así que, ¡pon el freno! Luego observa cómo Dios te ministra conforme las cosas se van r-a-l-e-n-t-i-z-a-n-d-o. La voz del Señor es mucho más fácil de oír en la quietud que en las temporadas de locura y prisa.

....

....

....

....

....

....

....

....

....

....

....

....

....

....

....

....

....

....

No estás siendo conformada a este mundo

. . . .

No se amolden al mundo actual, sino sean transformados mediante la renovación de su mente. Así podrán comprobar cuál es la voluntad de Dios, buena, agradable y perfecta.

ROMANOS 12:2 NVI

Si alguna vez has trabajado en un torno de alfarero, sabrás que es como moldear algo según una imagen. Comienzas con un montón de barro, sin forma, amorfo. Entonces lo trabajas hasta convertirlo en algo que contendrá agua. O la comida. O en algo hermoso de observar.

«Moldear» algo según una imagen es algo bueno cuando estamos hablando de un torno de alfarero, pero no siempre lo es cuando hablamos de moldear a las personas a cierta imagen. Tomemos la historia de Janet. Como adolescente, quería encajar de una forma desesperada. Lo intentó con los niños en la iglesia, pero no parecía que se percataran de ella. En la escuela, todas sus aspirantes a amigas eran de una multitud más áspera, pero ella quería lograr su atención, para bien o para mal. Comenzó el «juego de la aceptación», y se unió a ellas cuando fumaban cigarrillos. De ahí, pasó a beber, y luego a las drogas. Poco después, apenas se la reconocía como la chica dulce que una vez fue. ¿Por qué? Porque permitió que aquellos que la rodeaban la metieran a la fuerza en su molde, para forjarla a su imagen. Tristemente, ella no solo lo permitió, sino que lo deseó. Sin embargo, al final no le gustaba la persona en la que se había convertido. Deshacer los años de «modelaje» requirió tiempo y esfuerzo, pero finalmente la condujo a un lugar mejor, libre y limpio. Sería la primera en decirte que intentar encajar no merece la pena. De hecho, casi la destruyó.

¿Por qué queremos ser como los demás? ¿Parecernos a ellos? ¿Actuar como ellos? ¿Por qué nos permitimos cambiarnos y transformarnos en algo con lo que ni siquiera estamos cómodas? Porque existe un deseo innato dentro de nosotras de ser amadas. Incluso actuamos así en la iglesia, ¿no es así? Ponemos nuestras caras felices y fingimos que las cosas van geniales, aun cuando estamos sufriendo en secreto. Y, con todo, nuestro aspecto es el de mujeres cristianas despreocupadas que parecen tenerlo todo bajo control.

Solo existe una imagen a la que deberíamos permitirnos ser moldeadas, y esa es la de Cristo. Cuando nos sometemos a vernos, a actuar según su voluntad, el resultado final es mucho más lindo. Y más sano. Y más feliz. De modo que no permitas que te metan a la fuerza en un molde que no está hecho para ti. El Señor tiene algo mucho mayor en mente para ti. Su «molde» es un molde de amor, uno en el que nunca te sentirás «apretujada» y que siempre hará que al final te sientas mejor.

Tienes un lugar en el cuerpo de Cristo

. . . .

El cuerpo de Cristo también. Nosotros somos las diversas
partes de un solo cuerpo y nos pertenecemos unos a otros.
ROMANOS 12:5 NTV

Unas son manos. Algunas son pies. Otras son labios... etcétera. Todas tenemos un lugar en el cuerpo de Cristo, aunque no toda mujer lo sienta así.

¿Dónde encajas? ¿Eres vivaz, estás preparada y dispuesta a hablar? ¿Puedes dirigir la obra de teatro de Navidad? A lo mejor eres una «boca». ¿Eres el tipo de persona a la que le encanta preocuparse por los que están pasando necesidad? ¿Corres hacia los necesitados, proporcionas comida o visitas a las personas que están en el hospital? A lo mejor eres los «pies». ¿Estás preparada, dispuesta y eres capaz de subirte las mangas y ensuciarte las manos? ¿Estás preparada para fregar los baños o ayudar a decorar las salas de la escuela dominical? Quizás seas las «manos».

¡La cuestión es que existe un lugar para todas nosotras! A veces es solo cuestión de encontrar el lugar dónde encajes mejor. Y no desistas si no consigues averiguarlo a la primera. Aprende de Tabitha, que lo intentó todo. Comenzó en el ministerio infantil, trabajando con los pequeños. Después de varias semanas, estaba lista para admitir la derrota. Después de todo, ya tenía tres niños pequeños suyos. Trabajar con los niños los domingos añadió a su frustración. De modo que cambió de rumbo, y se ofreció a cocinar comidas para las familias en crisis. Solo tenía un problema con eso: no era una buena cocinera. El estrés que conllevaba tener que preparar comidas para su propia familia y además para otras personas, casi acaba con ella. Tabitha cambió de rumbo de nuevo, y se ofreció esta vez a enseñar en una clase de escuela dominical para los adolescentes. No tardó mucho en darse cuenta de que enseñar tampoco era lo suyo. Preparar las clases, estar de pie frente a la clase... la agotaba y la dejaba hecha polvo, infeliz. Tabitha acabó en un lugar al que los demás acudían en busca de ella pidiendo consejo. Finalmente, se unió al equipo de oración, y se dio cuenta de que su verdadero «don» era preocuparse y orar por los demás.

¿Has «hecho el circuito» en tu iglesia como Tabitha? Si es así, lo más probable es que te hayas dado cuenta de que *no* encajas. Algunas cosas son bastante obvias. Descubrir dónde *encajas* es algo completamente distinto. Una vez que encuentras tu punto dulce, ya no tienes que estresarte más. Hallar tu lugar en el cuerpo —si eres ojo, oreja, mano, pie... o lo que sea—, te sitúa en la posición perfecta para ministrar a los demás sin añadirte estrés.

¿No te alegra ser parte de algo mayor que tú misma? ¿No te sientes feliz de ser necesaria? En esto consiste el «cuerpo». Cada parte es imprescindible para el conjunto. Así que, ¡encuentra tu ajuste perfecto, y observa cómo Dios trabaja a través de ti!

....

....

....

....

....

....

....

....

....

....

....

....

....

....

....

....

....

....

....

Estás ganando la guerra contra la ansiedad

*No se inquieten por nada; más bien, en toda ocasión, con oración
y ruego, presenten sus peticiones a Dios y denle gracias.*

FILIPENSES 4:6 NVI

¡Ay, ansiedad! Nos estrujamos las manos anticipándonos a lo peor. Nos tumbamos en la cama por la noche, y empezamos a preguntarnos cómo se pagarán las facturas. Recorremos el pasillo de arriba abajo, con el corazón a mil, cavilando si perderemos nuestro empleo. Nos preocupamos por todo, desde las notas de los niños en la escuela hasta las relaciones con aquellos a los que amamos. La incapacidad de soltar nuestros temores y preocupaciones puede resultar paralizante a veces, pero es tan difícil liberarlas, sobre todo si el desasosiego se ha convertido ya en un hábito.

A lo mejor estás atravesando una situación que está alterando tu vida ahora mismo. Quizá estás luchando con un asunto de salud mayor o con la pérdida de un ser querido. Puede que estés experimentando una ruptura matrimonial o tratando con un hijo pródigo. No hay duda de que estás luchando con un tumor interno. Quizás tus comportamientos nerviosos están gobernando el día. Tal vez incluso estés batallando con sentimientos de pavor. Te sientes como si algo fuera a suceder... posiblemente pronto. No puedes soportarlo, y no puedes dejar de preocuparte.

¿Te has dado cuenta de la enorme diferencia entre el temor y la ansiedad? Con temor, te anticipas a algo que probablemente va a suceder. La ansiedad a menudo se construye sobre problemas «percibidos» (que probablemente no ocurrirán). Interesante, ¿verdad?

¿Qué es lo que te estresa hoy? Da un paso atrás gigante, retírate de esta situación y pregúntate: «¿Qué probabilidades hay de que esto ocurra? ¿Muchas o pocas? Lo más probable es que te estés alterando... por nada. Las posibilidades de que ocurra eso que te tiene más tensa que la cuerda de un piano son seguramente nulas.

Toma la historia de Brittany. Después de oír que el marido de su mejor amiga había perdido su trabajo, se puso nerviosa pensando en que su propio esposo pudiera también perder el suyo. No, ambos hombres no trabajaban para la misma empresa. Ni siquiera estaban en el mismo gremio. Pero esta amenaza «percibida» de perder el empleo le destrozó los nervios. Durante días, incluso semanas, se preocupó por lo que haría la familia si/cuando esto ocurriera. Nunca sucedió. Transcurridos varios meses, ella por fin se relajó, y acabó dejando esas preocupaciones en el olvido. Después de un tiempo, se preguntaba por qué había llegado a preocuparse tanto. En un sentido, había absorbido la lucha de otra persona y la había hecho suya.

¿Has reaccionado alguna vez como Brittany? ¿Te has preocupado por algo que, en realidad, probablemente no iba a ocurrir? Si es así, entonces echa otro vistazo al versículo de hoy: «No se inquieten por nada». Por tanto, respira profundo. Pregúntate: «¿Verdaderamente tengo motivo para estar nerviosa o me estoy preocupando por una amenaza percibida?». Si es una situación que «potencialmente puede suceder», entonces la respuesta de Dios sigue siendo la misma: «¡No te preocupes!». Y si es una situación «que posiblemente no suceda», estás perdiendo horas preciosas (y hasta tu salud) por preocuparte. Así que ¡sé libre! Déjalo ir y confía en que Dios puede darte una paz que sobrepasa todo entendimiento, independientemente de aquello a lo que te estés enfrentando.

....
....
....
....
....
....
....
....
....
....
....
....
....
....

Aprovechas la ocasión

Todo lo puedo en Cristo que me fortalece.
FILIPENSES 4:13 RVR1960

Aprovechar la ocasión. No siempre estamos seguras de que podamos hacerlo. Es posible que te puedas identificar con esto. Quizás te han dado la oportunidad de hablar ante un gran grupo y estás temblando de miedo. Puede que te encuentres en una posición cara a cara en la que sientas el impulso de orar por una amiga... pero tengas miedo. ¿Cómo abordas el tema? ¿Te permitirá hacerlo?

No siempre es fácil aprovechar la oportunidad, pero siempre merece la pena al final. En toda ocasión se requiere valor, por supuesto, pero recuerda de dónde procede este. No tienes que reunirlo. Ya está dentro de ti, por medio de la persona de Jesucristo.

Enfrentar tus miedos es algo que requiere valor. También hay que ser valiente para afrontar el peligro (o el peligro percibido), mirarlo a los ojos. Incluso esas veces «inciertas» requieren mucho valor, porque no sabes a qué te enfrentarás en la siguiente curva, y eso puede resultar intimidante. (A nosotras las mujeres nos gusta saber lo viene, ¿no es cierto?). A veces tenemos que reunir valor para hacer (o decir) lo correcto cuando quienes te rodean explotan o se rinden a la presión. No, no es divertido, pero siempre es correcto.

Piensa en la historia de Nadia: Ella inició un negocio, y se acercaba la temporada de la recaudación de impuestos. Sabía que sería difícil pagar sus tasas, ser autónoma, pero no se dio cuenta de lo alto que sería el precio hasta que todos los documentos estuvieron preparados. ¡Ay! El resultado fue que debía mucho dinero. Una buena amiga le sugirió que modificara un poco su declaración fiscal para mostrar más gastos. Esta misma amiga también comentó que Nadia podía retener información sobre lo que le habían pagado en efectivo. Esta idea sonaba muy atractiva ya que, haciéndolo, reduciría sustancialmente sus «impuestos adeudados». Pero al final, ella sabía que no estaba bien. Así que se irguió, hizo frente a su miedo a los impuestos, e hizo lo correcto. Presentó sus impuestos, estableció un plan de pago, y se aseguró de hacer un mejor trabajo el año siguiente. En otras palabras, estuvo a la altura de las circunstancias, incluso siendo difícil. Afrontar los temores propios le proporcionó valor para crecer, para convertirse en una mejor mujer de negocios, y la recompensa fue moral/emocional.

Sin duda te habrás enfrentado a épocas en las que tenías la opción de escabullirte o, al igual que Nadia, erguir tus hombros y hacer lo correcto. Escabullirte nunca es una buena opción. De ese modo no logras nada. Al fin y al cabo, no te desarrollarás ni crecerás si te escondes de los problemas. Mantén la frente alta y firme, aun cuando los retos sean abrumadores.

Sigue adelante. Respira profundamente y zambúllete. Mujer de propósito, itú puedes hacerlo! Puedes estar en pie cuando necesites estar en pie, dar un paso cuando necesites dar un paso, e incluso hacer aquello que no te crees capaz de hacer... y todo con su fuerza.

Tus palabras importan

Las palabras que digas te absolverán o te condenarán.
MATEO 12:37 NTV

Las palabras importan. De hecho, importan tanto que el Señor nos dicen en su Palabra (la Biblia) que el poder de la vida y de la muerte está en la lengua. ¡Ay! Con la misma boca pronunciamos vida (alabanzas, gozo, consuelo) y muerte (insultos, críticas, ira). Esto no debería ser de este modo. Aun así, luchamos con nuestras palabras todos los días. Los niños comienzan a pelearse y nos metemos, enojándonos aún más. Un compañero estalla y nosotras se la devolvemos, y después nos lamentamos. ¡Oh, si tan solo pudiéramos hacer un mejor trabajo con el control de nuestras lenguas!

¿Luchas con lo que sale de tu boca? Si es así, agradecerás la historia de Eliana. Libró una batalla continua contra la crítica. Creció en un hogar con unos padres que sentían la necesidad de sacar faltas, y ella adquirió el hábito de dar consejos... gratuitos. Quizá de una forma demasiado gratuita. Cuando Eliana estaba con sus amigas, ofrecía consejo sin que se lo pidieran, y no siempre de un modo positivo y optimista. Criticaba a sus hijos, a su esposo, a sus compañeros de trabajo, y a veces de forma pública y humillante. A veces sus palabras contenían cierta «mordacidad», y aunque no pretendía herir a los demás, a menudo lo hacía.

Cuando Eliana entabló una relación con el Señor, cayó en la convicción respecto a su lengua. Decidió hacer un experimento y rindió sus palabras al Señor durante treinta días. Sin gritos. Sin críticas. Sin comentarios cortantes. Fue duro y, a veces, cometió errores, pero después de treinta días viviendo de este modo, la gente comenzó a darse cuenta. Eliana también. Sustituyó sus duras palabras por palabras pensadas cuidadosamente, y poco después entendió que su cambio de actitud estaba repercutiendo en su propio corazón, e incluso más en el de aquellos que la rodeaban.

¿Qué palabras debes dejar de usar hoy? ¿Tiendes a hacer críticas? ¿Están tus palabras mezcladas con sarcasmo? ¿Alzas la voz a tus hijos? Estas tres cosas (la crítica, el sarcasmo y el temperamento) deberían considerarse nuestros enemigos mortales. Pero ¿cómo haces para detenerte? Emprende un plan de acción. Ponlo por escrito. Ponte un calendario: Durante treinta días no le levantaré la voz a mis hijos. Durante dos semanas no responderé con sarcasmo a mis compañeros de trabajo. Cuando sigues un calendario, es más probable que sigamos adelante. Pero no lo hagas por seguir el calendario. Hazlo porque es lo correcto, porque esto hace feliz a Dios. Guardar tu lengua te dejará libre para ser un mejor testimonio para tus compañeros de trabajo, tus hijos y, sí, también con tu esposo.

La lengua puede ser tu mejor amiga cuando de ella fluyen palabras hermosas. Así que considérala —y también esas palabras— como tu mejor herramienta para llegar a los demás con el amor de Cristo.

....

....

....

....

....

....

....

....

....

....

....

....

....

....

....

....

....

....

....

....

....

Afrontas cada montaña con valor

Les aseguro que, si alguno le dice a este monte: "Quítate de ahí y tírate al mar", creyendo, sin abrigar la menor duda de que lo que dice sucederá, lo obtendrá.

MARCOS 11:23 NVI

Imagina esto... vas caminando por la acera, pensando en tus propios asuntos, cuando de repente, de la nada, aparece una montaña delante de ti. La miras fijamente, te rascas la cabeza, y luego intentas descifrar cómo llegar al otro lado. Quizás puedas rodearla. O a lo mejor podrías hacer un túnel a través de ella. Hasta podría escalarla.

Entonces, cuando decides que ninguna de esas opciones suena factible, recuerdas algo que leíste en la Biblia. Puedes hablarle a la montaña. Así es... simplemente dile que se lance al mar.

Está bien, quizá esta analogía sobre la montaña te encoja de hombros. Últimamente no te has enfrentado a ninguna de forma literal. Pero puede que sí hayas afrontado unas cuantas, de forma emocional. Quizás hayas estado junto a la cama de una amiga o de algún ser querido que se ha tenido que recibir un diagnóstico de cáncer. Puede que hayas experimentado la ruptura de una relación. Es posible que hayas vivido algo traumático, la pérdida de una casa o el final inesperado de tu negocio. Estos obstáculos de la vida son, en cierto modo, montañas a las que te has enfrentado.

Por tanto, ¿qué se puede hacer para manejar una montaña... en la realidad? Por supuesto, podrías mirarla y entrar en pánico. ¿Quién podría culparte? Podrías llorar (algo completamente normal e incluso bueno para ti). Podrías retirarte a tu habitación y cubrirte con las sábanas de tu cama, temblando de miedo. O, podrías hacer lo que las Escrituras aconsejan cuando te enfrentas a una montaña: hablarle.

¿Cómo te diriges a los obstáculos emocionales a los que te enfrentas? ¿Cómo los afrontas, sin ambages, sin miedo? ¿Existe realmente una forma de conquistar ese sentido constante de confusión que se alza dentro de ti cada vez que abres tus ojos para echar un vistazo a los picos de esa montaña? Ordénales que se vayan, en el nombre de Jesús. Literalmente. Abre tu boca y pronuncia las palabras a cualquier montaña a la que te enfrentes: «¡En el nombre de Jesús, tienes que irte!». El poder de decir esto en voz alta servirá como una gran motivación para ti, y te dará el valor que necesitas en el mismo momento. También te servirá de recordatorio, algo que puedes volver a mirar. Seguramente habrá días en los que el miedo se infiltre, pero puedes decirte: «Ya derribé esa montaña hace días/semanas». Recordar te dará vigor.

Las montañas no siempre desaparecen de la noche a la mañana. Algunas requieren tiempo. Mantén la fe mientras estás esperando. Recuerda las promesas de Dios, que Él convertirá en bueno lo que el enemigo pretendió que fuera malo. Incluso la montaña más alta no podrá derribarte con la promesa del Señor de que Él está de tu parte, no contra ti. Los retos vienen y van, pero la fidelidad del Señor permanece. Aférrate fuerte a esa promesa, y habla cuando las montañas intenten permanecer en tu camino.

....

....

....

....

....

....

....

....

....

....

....

....

....

....

Estás cautivada por la creación de Dios

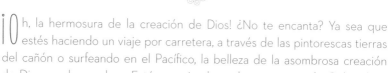

Los cielos cuentan la gloria de Dios, el firmamento proclama la obra de sus manos.

SALMO 19:1 NVI

¡Oh, la hermosura de la creación de Dios! ¿No te encanta? Ya sea que estés haciendo un viaje por carretera, a través de las pintorescas tierras del cañón o surfeando en el Pacífico, la belleza de la asombrosa creación de Dios es abrumadora. Estés esquiando en las montañas de Colorado o contemplando los cielos iluminados por las estrellas al aire libre, es evidente que la mano de Dios estuvo trabajando en todo ello. Y reconocer esto nos acerca a Él e infunde un sentido de gratitud que las palabras simplemente no pueden expresar.

Cuando estás en contacto con Dios en la hermosura de su creación, tus ojos espirituales están abiertos. Bebes de ello, completamente fascinada. ¿Por qué? Porque estar en la naturaleza, beber de la majestuosa belleza de la magnífica imaginación del Creador, es una muestra de la eternidad. Esos árboles gloriosos, ese asombroso atardecer, esas brillantes luces del norte... todas esas cosas son una muestra de lo que está por venir cuando un día caminemos por calles de oro. Si Dios nos ha dado tal muestra de belleza en la tierra, ¿cómo será el cielo?

¿Por qué nos conmovemos tanto cuando examinamos las complejidades de la naturaleza? Quizás sea porque sentimos el Espíritu de Dios. Después de todo, este ya se movía por las aguas de la creación. Puedes leerlo todo en el primer capítulo de Génesis. Cierra tus ojos y piensa en ello por un momento. Mientras Dios hablaba a las aguas para que se generaran, mientras las olas se sacudían y se tambaleaban por primera vez por la arena, el mismo Espíritu de Dios se movía, se movía y se movía. Y mientras Dios establecía el sol en el cielo, mientras el resplandor rojo, dorado y naranja calentaba la brisa esa primera mañana gloriosa, el Espíritu de Dios danzaba por todas partes, un ballet lírico, majestuoso y triunfante.

Tal idea nos sobrecoge, nos llena de asombro. Estamos pasmadas por algo tan increíble, tan imponente. La misma palabra *creación* nos golpea el corazón. ¡Solo Dios tiene el poder de crear! Solo su Espíritu puede flotar, habitar y danzar sobre todo.

Mujer de propósito, ¿por qué es esto tan importante para ti? ¡Porque el Espíritu mismo vive en ti! Y tú, la mejor creación de Dios, eres más gloriosa que cualquier atardecer, que cualquier alegre ola del océano, que cualquier cañón brillantemente coloreado. Eres lo mejor de lo mejor, amada de Dios. Así que, cuando estés ante el próximo y encantador momento pintoresco, recuerda que su belleza, independientemente de lo imponente que sea, no puede hacerte sombra. Eres espléndida ante sus ojos. Más preciosa que los diamantes. Más gloriosa que la puesta del sol. Más magnífica que la montaña más alta. Sigue adelante. Saborea la belleza de la naturaleza. Pero mientras lo hagas, no olvides agradecer al Creador por crear lo más maravilloso de todo, a ti, su hija.

....

....

....

....

....

....

....

....

....

....

....

....

....

....

....

....

....

Tienes talento

Pues si ustedes, aun siendo malos, saben dar cosas
buenas a sus hijos, ¡cuánto más su Padre que está en
el cielo dará cosas buenas a los que le pidan!

MATEO 7:11 NVI

¿Recuerdas cómo era la mañana de Navidad cuando eras niña? Probablemente corrieras hasta el árbol de Navidad, con los ojos bien abiertos, mientras agarrabas todos los regalos envueltos con primor. Esperabas tu turno, y por fin abrías ese primer regalo. Luego el segundo. Luego el tercero. Todo ese tiempo tu corazón se aceleraba. Apenas podías creer la suerte de tener ese nuevo juguete. Ese nuevo juego. Ese nuevo pijama. Esos videojuegos tan estupendos. Parecía demasiado bueno para ser verdad.

¿Te das cuenta de que Dios, el dador de dones supremo, te ha concedido mucho más de lo que podrías haber encontrado nunca bajo del árbol de Navidad? Te ha dado regalos que pueden usarse para alcanzar a los demás para el reino. ¿No estás convencida? Fíjate en la historia de Joyce. Creció en una casa con gente talentosa por todas partes. Sus padres eran, ambos, músicos. Sus hermanas también. Incluso su hermano más pequeño destacaba en la música. La familia viajaba de iglesia en iglesia, cantando y tocando sus instrumentos. Llevaron gran gozo a centenares, si no millares, de personas durante años. En medio de todo esto, ¡Joyce! Desde que tenía dos años, tuvo un micrófono en su mano, cantando, cantando y cantando. Superó el miedo escénico a una edad temprana y se aficionó al panorama musical con gran desenfreno. Sus padres reconocieron un «talento» en ella y lo aprovecharon, dándole muchas oportunidades.

Mujer de propósito, ¿qué me dices de ti? ¿Dónde están tus talentos? No digas que no tienes ninguno. ¡Todas tenemos! A lo mejor es tiempo de hacer un pequeño inventario. Quizá se te dé bien preocuparte por los necesitados u ofrecer amor al que está herido. Puede que tengas habilidades musicales o el deseo de enseñar en una clase de tu iglesia. Quizás seas una de las pocas que pueda proporcionar comida a los confinados o ropa a los de los refugios sociales. Existen miles de formas en las que puedes utilizar tus dones para beneficiar a los demás.

Si no has utilizado tus talentos durante un tiempo, pídele a Dios que les dé una buena sacudida. Es bíblico, ya sabes. Imagínate a Dios bajando con una cuchara enorme, un cazo incluso, y agitara, y agitara y removiera tus dones, trayéndolos a la superficie para que puedan ser utilizados. Él lo hará si se lo pides, y ábrete entonces a las posibilidades. Sencillamente pide, y después observa mientras Él te proporciona una oportunidad tras otra para que seas útil para el reino.

Dones. Son mucho más que lo que encuentras debajo del árbol de Navidad o de lo que te regalan por tu cumpleaños. Son enviados desde lo alto para regalarlos una y otra, y otra vez. Mujer de propósito, ¿a qué estás esperando? ¡Desenvuelve esos regalos!

....

....

....

....

....

....

....

....

....

....

....

....

....

....

....

....

....

Puedes recuperarte de las tragedias de la vida

. . . .

Amados hermanos, cuando tengan que enfrentar cualquier tipo de
problemas, considérenlo como un tiempo para alegrarse mucho.

SANTIAGO 1:2 NTV

¿Has pasado alguna vez por una tragedia tan catastrófica que parecía imposible recuperarte de ella? Quizás luchaste para salir de un pozo o de una situación emocional. Hay buenas noticias para ti hoy: Dios puede restaurarte hasta llevarte a un lugar de normalidad y de paz. Puedes recuperarte (y lo harás) de la dura época por la que has pasado. Tampoco depende de ti que las cosas mejoren. Es solo el trabajo de Dios lo que le da la vuelta a las cosas. Aun así, Él quiere tu participación en el proceso, no tengas dudas sobre ello. Si estás experimentando un tiempo complicado, escoge alabarle de todos modos, aunque parezca difícil.

Es posible que seas como Katie. Le resultaba difícil alabar a Dios después de pasar por un acontecimiento monumental en su vida. Cuando la mejor amiga de Katie fue diagnosticada de cáncer de páncreas, parecía un mal sueño. Katie se aferró fuertemente a la mano del Señor mientras su amiga peleaba con furia la buena batalla. Iba al hospital, de acá para allá, viendo con horror cómo las cosas iban de mal en peor. Intentaba mantener una perspectiva divina, pero con su amiga en semejante agonía, a veces parecía imposible. Cuando llegó el momento de soltar la mano de su amiga, Katie hizo todo lo que pudo para creer que Dios tenía un plan mayor. Sin embargo, varias semanas después de la muerte de su mejor amiga, Katie comenzó a resbalar. Su fe disminuyó. Su deseo de alabar, de celebrar la vida, de ver lo mejor de la situación, simplemente desapareció. En otras palabras, desistió. Al menos por el momento.

Finalmente, la niebla se disipó. Katie fue capaz de desear un cambio en su punto de vista. La vida se transformó en una nueva versión de normalidad. Comenzó a escuchar música de adoración y sentirse con más esperanza. No, su actitud no cambió de la noche a la mañana. Aún estaba confundida. Aún le molestaba que Dios, quien podía haber sanado a su amiga, hubiera elegido no hacerlo, al menos de la forma que Katie había esperado.

Las tragedias nos marcan. Dejan una huella. Pero no deben dejarnos en tierra. La vida realmente continúa, incluso después de los acontecimientos más horrorosos. Y aunque pueda parecer que no es justo que el sol siga brillando, lo hace. Ese sol es un símbolo de que nosotras también podemos ver días más resplandecientes de aquí en adelante. Por supuesto, llevará tiempo, pero las cosas mejorarán. El Señor caminará a tu lado en cada paso del camino, su mano te guiará amablemente para atravesar la niebla hacia un tiempo de mayor esperanza.

....

....

....

....

....

....

....

....

....

....

....

....

....

....

....

....

....

....

....

....

....

Eres un estímulo para los demás

*Ahora bien, hermanos, ustedes no necesitan que
se les escriba acerca de tiempos y fechas.*
1 TESALONICENSES 5:1 NVI

¡Es tan fantástico estar rodeada de personas que te estimulan! Te dan esperanza cuando te sientes triste, te ofrecen una palmada en la espalda cuando necesitas ánimo, y aparecen justo en el momento adecuado cuando necesitas un hombro sobre el que llorar.

Callie, una joven esposa y madre, era una tremenda alentadora para sus amigas. Todo el mundo sabía a quién llamar cuando necesitaban una palabra amable o un abrazo compasivo. Estaba feliz de hacerlo. Adquirió el apodo de la «Alegre Callie» por su sentido especial de la vida y su sonrisa eterna en el rostro. Entonces, las cosas comenzaron a desmoronarse para Callie. Su esposo perdió su trabajo. Sus hijos comenzaron a tener problemas en la escuela. Intentó seguir alentando a los demás, pero le resultaba difícil. Y ¿a quién podía acudir ella? Todo el mundo venía a ella, y no al revés. Tenía que ser fuerte... para ellos.

Así que Callie intentaba fingir que todo estaba bien. Ponía una sonrisa feliz (aunque forzada), enderezaba su espalda, y se mantenía centrada en los demás, sin confesar nunca su necesidad ante sus amigos y familiares. Durante un tiempo, las cosas fueron bien. Pronunciaba las cosas alentadoras que solía decirles a lo demás, pero deseaba en secreto que alguien le diera una palmada en la espalda. Citaba las Escrituras a los amigos, pero se preguntaba si esas mismas palabras penetrarían de nuevo en su corazón. Finalmente una buena amiga se percató de la Callie «verdadera», aquella que no se estaba mostrando a los demás. Con la ayuda de esa amiga, Callie halló consuelo y sanidad, aunque le llevó un tiempo abrir y mostrar realmente su corazón. Después de todo, compartir las cosas feas (según pensaba ella) podría arruinar su testimonio «demasiado bueno para ser cierto».

Oh, dulce mujer de propósito... ¿acaso no lo ves? ¡El estímulo funciona en ambos sentidos! Somos llamadas a ser de aliento, sí, pero también a recibirlo cuando la situación lo requiera. Por tanto, sé una «Callie alegre», por supuesto. Pero cuando las cosas se desmoronen a tu alrededor, no pongas tu cara de póker. No finjas que todo es perfecto cuando no lo es. La gente quiere ver tu verdadera persona para poder darte el aliento que necesitas cuando lo precises. Y, afrontémoslo, nuestro testimonio no se arruina cuando somos sinceras por instinto respecto a las cosas. En realidad, se fortalece porque las personas nos ven como a alguien de verdad que tiene luchas. Una persona que vence con la ayuda del Señor.

Sé realista. Esas dos palabras son más que una simple frase pasajera. Mujer de propósito, ¡sé realista! Al hacerlo te convertirás en el mayor estímulo de todos.

Sigue adelante

No es que ya lo haya conseguido todo, o que ya sea perfecto. Sin embargo, sigo adelante esperando alcanzar aquello para lo cual Cristo Jesús me alcanzó a mí.

FILIPENSES 3:12 NVI

Imagina esto: Tienes que poner pisos nuevos, así que trasladas los muebles al garaje hasta que termine el proceso. Ha sido un período bastante agotador ya, pero aún queda trabajo por hacer. Cuando estás preparada para llevar el sofá de nuevo al interior de la casa, se queda atascado en la puerta, mitad dentro y mitad fuera. ¿Y ahora qué? Estás estancada. Así que empujas. Y empujas, y empujas un poco más. ¡Por fin! Ese último empujón tiene la clave. Superas el obstáculo y el sofá se desliza adentro.

Esto podría sonar a un ejemplo divertido, pero a veces la vida presenta momentos de «estancamiento» como este. Estamos mitad dentro, mitad fuera, y no estamos seguras de adónde ir... hacia delante o hacia atrás. Cuando eres una mujer de propósito, cuando sientes la dirección y el celo del Señor, no desistes, ¡ni siquiera cuando has estado empujando durante horas! (¡Es posible que este devocional evoque imágenes de cuando se está de parto! Seguro que muchas de ustedes se pueden identificar). La cuestión es que merece la pena empujar por algunas cosas. Una vez que superas el obstáculo, el resto, como solemos decir, es cuesta abajo. ¿Y volver atrás? Nunca es una buena idea. Seguir adelante es solo eso, seguir avanzando hacia algo nuevo. Desconocido. Emocionante.

Así que, ¿hacia qué estás avanzando/empujando hoy? ¿Qué estás esperando cumplir? ¿Te has establecido metas dietéticas? ¿Te estás abriendo camino en la escalera corporativa? ¿Intentando mantener tu casa organizada? Quizá no puedas ver lo que hay en la siguiente curva. Y, por supuesto que podrás sentirte a veces petrificada en un lugar, pero no desistas. Cualquiera que sea la cosa a la que te enfrentes, hazlo con entusiasmo. Cuando te quedes estancada, y seguramente te quedarás, da un fuerte empujón. Si no te libras de una vez, ¡no desistas! ¡Sigue presionando! En poco tiempo superarás el obstáculo y tu ritmo aumentará.

Recuerda, la mitad del camino está en tu mente. Debes tener la actitud de «no abandonar nunca». Aguanta. Y recuerda el versículo de hoy: Independientemente de aquello hacia lo que estás empujando, Cristo ya te tiene agarrada. ¡Vaya! Esto hace más fácil el viaje, ¿no es así?

Has sido bendecida de ser tú

Tú creaste mis entrañas; me formaste en el vientre de mi madre.

SALMO 139:13 NVI

¿Has pasado alguna vez un día entero alabando a Dios por haberte hecho como eres? Como mujeres, a menudo miramos a las demás y deseamos ser como ellas. Decimos cosas como: «¡Si tuviera su cuerpo!» o, «¡Vaya!, me encantaría tener un matrimonio como el suyo». Comentarios como: «Vaya, su pelo es mucho más bonito que el mío. Me encantaría tener rizos», se caen de tus labios de forma espontánea. En lugar de enfocarnos en nuestro diseño único o en nuestras bendiciones individuales, deseamos ser como otros.

Observa la historia de Lisa, por ejemplo. Siempre se sintió engañada. Todas las demás chicas eran guapas. Se sentía poco agraciada en comparación. Las otras chicas tenían talentos. Ella se sentía como una inútil. Mientras las demás eran valientes y estaban llenas de energía, ello solo quería esconderse de la gente y leer un libro. O dos. O doce. Incluso en las historias, ella se sentía derrotada. Los personajes de las novelas parecían ser perfectos, héroes espadachines, damas dichosas, y mucho romance para todos.

Cuando Lisa finalmente se dio cuenta de que Dios la había creado a su imagen, dejó de compararse a las demás y le pidió que iluminara los ámbitos de su vida en las que podía crecer y desarrollarse. ¡Lo hizo! En poco tiempo se sintió más contenta con su aspecto, más agradecida por sus rarezas (incluso los defectos), y más en paz con quien (y como) había sido confeccionada por el Señor.

¿Te identificas con los problemas de Lisa? Quizás no te sientas especialmente hermosa, por dentro o por fuera. Es hora de «olvidar esos pensamientos apestosos» (como diría tu madre) y cambiar tu actitud. ¿Cómo lo haces? Aquí tienes unas cuantas ideas:

Tómate un día para escribir las razones por las que te sientes bendecida de ser tú. Quizás tu lista podría ser algo así: «Estoy bendecida por tener salud. Gracias, Dios, por mi familia. Estoy agradecida por mis hijos. Padre, te bendigo por darme un lugar para vivir. Estoy tan contenta de tener una casa/apartamento. Estoy bendecida por la buena comida que como. Estoy agradecida por mi trabajo. Estoy agradecida de que aparezcas en medio de mis angustias, Señor. Gracias por ayudarme a vencer las tentaciones de la vida. Qué bendición tener al Señor de mi lado cuando paso por pruebas». Escribir cosas ayuda mucho, porque nos obliga a ver lo bueno, ¡y hay mucho bueno para ver!

Nadie tiene una vida perfecta. O un cuerpo perfecto. Nadie está perfectamente dotada o es talentosa de más. La mayoría de nosotras somos inseguras, en el mejor de los casos. Pero cuando nos tomamos el tiempo de expresar gratitud por nuestra exclusividad, todo entra en perspectiva.

puedes dar respuestas amables

*La respuesta amable calma el enojo; la
respuesta grosera lo enciende más.*

PROVERBIOS 15:1 TLA

¡Controla ese genio! A lo mejor creciste oyendo esas palabras. La tendencia a estallar puede comenzar pronto en la niñez, y continuar en nuestras vidas adultas si no nos «controlamos». Y esos estallidos pueden herir a muchas personas, incluidos aquellos a los que amas. No nos proponemos herirles, por supuesto, pero ocurre del mismo modo. El deseo de vivir vidas de calma y templanza está ahí, pero no sabemos cómo dar el primer paso. Se diría que, en vez de ello, estallamos como una botella al descorcharla.

Lorie sabía cómo era combatir su genio. Parecía que siempre explotaba cuando las cosas iban mal. Vaciaba sus vísceras sobre su marido, sus hijos, las mujeres de su estudio bíblico, casi sobre todo aquel con el que tenía contacto. No fue hasta que Lorie asistió a sesiones de consejo privadas cuando se percató de la verdad: su genio tenía sus raíces en una ira profundamente arraigada, que nunca había confesado: se trataba de un profesor que la había ridiculizado delante de la clase. La situación aún le dolía cuando pensaba en ella, aunque nunca compartió la historia en público. En lugar de arremeter contra la persona que la había herido (y, seamos realistas, las víctimas casi nunca lo hacen porque tienen miedo), dejó que crecieran las emociones. El dolor no expresado se ata alrededor del corazón y nos atenaza, pero por lo general suele haber una explosión al final.

En ciertos sentidos, el genio de Lorie podía remontarse a otra persona, a un incidente específico. Pero está el gozo de dejar ir el dolor, de ofrecer el perdón: Cuando lo sueltas todo, a quien terminas ayudando es a ti misma. Aferrarse al dolor, rechazar el ofrecimiento del perdón, solo sirve para causarte una herida interna. Y solo es cuestión de tiempo que revientes.

Piensa en el enojo como en una caja de galletas. No es demasiado difícil que la tapadera salte y las galletas salgan volando por toda la habitación. Un pequeño golpe de aire y todo puede explotar. Eso es lo que ocurre cuando la presión crece dentro de ti. Así que, si estás luchando contra tu genio, pídele al Señor que te muestre con qué estás lidiando en realidad. Una vez te lo haya revelado, ora por esa situación, por esa persona, por ese obstáculo... y luego déjalo ir. Si lo haces, el bote de galletas se queda quieto en el mostrador, sin herir ningún alma. Si no... ¡Ten cuidado! ¡La explosión podría causar problemas! Terminarás con las galletas en la pared, en el techo, por el suelo, y por miles de sitios alrededor.

Disfruta de la Vida

¡Cuánto le agradecemos a Dios por ustedes! Gracias a ustedes tenemos gran alegría cuando entramos en la presencia de Dios.

1 TESALONICENSES 3:9 NTV

¡La vida es dura! Razón de más para que necesites disfrutar de las pequeñas cosas, saborear la belleza de la naturaleza, bailar a pequeños brincos cuando las cosas van bien. Dios desea que disfrutemos de su creación, que nos alegremos de la vida. El problema es que a menudo estamos tan inmersas en el drama cotidiano de la «existencia» que olvidamos vivir realmente, de verdad. Soltarnos la melena. Bailar en los charcos de lluvia y saltar por los campos de tréboles.

Aquí tienes algunas formas divertidas para romper tu caparazón y disfrutar más de la vida: Haz fotos. La fotografía ofrece una forma fantástica de examinar estrechamente la naturaleza desde un punto de vista cercano y personal. A través de la lente de tu cámara verás los detalles como nunca antes los habías visto: las alas de las mariposas, el néctar de las flores, el rocío de la mañana en la hierba. Observar la naturaleza desde este punto de vista te acercará al Señor, y hará que arda tu corazón en alabanza por su creación.

Aquí tienes otro par de sugerencias: vive el momento. Cuanto estés con tus amigas o tus seres queridos, está verdaderamente con ellos. Aparta tu teléfono móvil. No respondas mensajes ni llamadas a menos que sea algo grave. Escucha cuidadosamente a los que están contigo. Invierte tiempo. Descubrirás que no pensarás en el siguiente evento de tu calendario si estás verdaderamente entregada a la persona con la que estás. Y encontrarás placer en las pequeñas cosas, como una conversación tranquila, una taza de té caliente o una deliciosa galleta compartida con alguien a quien quieres.

¿Por qué nos perdemos las pequeñas cosas tan a menudo? ¿Por qué la vida no nos parece tan agradable como debería? Porque vamos corriendo, corriendo y corriendo al siguiente evento, a la siguiente obligación, a la siguiente persona. Solo cuando nos detenemos para disfrutar de los momentos, experimentamos el placer. De modo que, la próxima vez que le des un bocado a una empalagosa galleta con pepitas de chocolate, relájate y disfruta. No te la comas de un bocado. ¿Ese paseo a la mañana siguiente por tu vecindario? No pases el tiempo pensando en las obligaciones del día. Contempla lo que tienes delante, las suaves nubes en el cielo inmaculado, las flores de color rosa que se abren en el jardín de tu vecina, el encantador cachorro que te observa fijamente desde la ventana de tu vecina.

Cuando te detienes a beber de estas pequeñas cosas, el placer siempre va a la zaga. ¿Acaso no te imaginas que con el Señor ocurre lo mismo? ¿No puedes imaginarle mirándote desde el cielo, con su corazón lleno de placer cuando repara en los pequeños detalles, en tu pelo despeinado, los calcetines desparejados, la sonrisa en tu cara? Si Dios se deleita en nosotras, con toda seguridad podemos hacer una pausa lo bastante extensa como para deleitarnos en su creación. ¿Sabes? ¡La hizo toda para ti!

puedes tomar grandes decisiones

¿Quiénes son los que temen al Señor? Él les
mostrará el sendero que deben elegir.

SALMO 25:12 NTV

Decisiones. La mayoría de las mujeres tienen una relación de amor/odio con ellas. Antes de que llegue el momento de tomar una, formulas una estrategia. Preparas tu mente. Entonces, llega el momento y te rindes. ¡Oh, qué dilema!

Observa por ejemplo la historia de Eliza. Se esforzó tanto para bajar quince kilos de su peso. Hizo ejercicio, recortó las calorías, bebía litros de agua, y predicaba sobre su estilo de vida y su alimentación saludables en las redes sociales. Cualquiera que se preciara sabía que no debía tentar a Eliza con caramelos dulces. No se trata de que se los hubiera comido de cualquier forma. No, con su propósito firmemente establecido, continuaría tomando sabias y saludables decisiones... durante el resto de su vida.

Pero llegó el día de Acción de Gracias. Tomó unos cuantos bocaditos de comida no tan adecuados para ella. No es tan grave, ¿verdad? Bueno, no lo fue hasta que la Navidad se presentó ante ella como un regalo dulce, cargado de galletas, tartas y todas las cosas ricas. Comenzó de una forma sumamente inocente. Solo un par de galletas por aquí. Un trozo de pastel por allá. Un poco de esa tostada francesa en el desayuno de Navidad. Y luego estaban la celebración de la Navidad en la iglesia. Todo el mundo esperaba que cocinara sus deliciosos *cake pops*, así que los hizo. Por supuesto, tenía que probarlos mientras los preparaba para asegurarse de que estuvieran buenos.

Las elecciones de Eliza no tardaron en empezar a cambiar, junto con su propósito. Después de la Navidad se puso frente al espejo del baño, horrorizada de ver que había engordado cinco kilos. ¡Ay! No podía culpar a nadie más que a ella misma, y se echó la culpa. Cargó con una mortaja de culpabilidad que la hizo engordar más incluso. En lugar de impulsarla a hacer lo correcto, esa culpa la hizo desistir por completo. Se veía a sí misma como un fracaso dietético.

¿Puedes identificarte con la triste historia de Eliza? La mayoría de nosotras planeamos hacer lo correcto. Nuestras intenciones son buenas. Entonces, cuando llega el momento, tomamos decisiones no tan buenas. En lugar de sacudirnos, entramos en una mentalidad de «¡Vaya! ¡Ya la fastidié!»... y seguimos cuesta abajo. Nos vamos deslizando, y deslizando un poco más. No importa a qué ámbito de la vida nos estemos refiriendo aquí; podemos sacudirnos y comenzar de nuevo. Los fracasos de ayer no importan... en absoluto.

¡Hoy es un día nuevo! Proponte en tu corazón tomar decisiones sabias, saludables y buenas, no solo con lo que comes, sino con cada parcela de tu vida. Todo lo que importa de verdad lo tienes delante en este momento. Así que, ¡camina con cuidado! Decide sabiamente. Mujer de propósito, tú puedes hacerlo. No eres un fracaso. Tienes días dichosos por delante, gracias a las sabias decisiones de hoy.

Eres digna de amor

· ·

Y nosotros hemos llegado a saber y creer que Dios nos ama. Dios es
amor. El que permanece en amor, permanece en Dios, y Dios en él.

1 JUAN 4:16 NVI

¿Alguna vez has sentido que no merecías amor? A lo mejor no eres del tipo «abrázame y dame un besito». O quizás sí, pero no hay nadie alrededor que te ofrezca ese tipo de afecto. Quizás hayas recorrido un camino difícil y tu pasado —los pecados que cometiste hace años— te estén obsesionando. Por culpa de estos pecados, no te sientes digna de ser amada, de modo que apartas a los demás (y posiblemente a Dios), y los rechazas antes de que puedan (supuestamente) rechazarte ellos a ti. ¡Qué triste vivir una vida sin el amor de los demás que te consuelen!

Mujer de propósito, ¡tengo una buena noticia para ti! Dios te adora, y no se cuestiona si eres digna o no. No solo eres merecedora de su amor, sino que ese «te amo» incondicional se extendió por todo el camino hasta la cruz, donde su hijo dio su vida por ti. ¡Ahí es nada! Incluso en tu indignidad, Jesús quiso llevar tu pecado, tu vergüenza, al Calvario.

Paula cargaba con mucha vergüenza oculta. En su vida anterior había sido verdaderamente promiscua. De hecho, su promiscuidad la había conducido no solo a un embarazo sino dos. Sus hijos nunca habían conocido a sus respectivos padres, y ella no hablaba mucho del tema, ni siquiera cuando le entregó su corazón al Señor y, finalmente, se casó con un maravilloso hombre de Dios. Su pasado aún la perseguía. No se sentía como las demás mujeres del grupo de la iglesia. Así que, mantenía su boca cerrada y ponía una dulce sonrisa, ocultando su pasado. Cada vez que se topaba con versículos relacionados con la dignidad, se encogía. No se sentía digna del amor de Dios, ni siquiera en el mejor de los días. Requirió un gran esfuerzo (que ocurrió durante un retiro de mujeres) para enfrentarse a su pasado y ver que Dios todavía la amaba, independientemente de lo que ella hubiera hecho. Cuando por fin dejó marchar la vergüenza, Paula comenzó a verse merecedora del amor de Dios... por primera vez. ¡Cuán liberador! ¡Qué felicidad!

¿Has sentido alguna vez que estabas en el lugar de Paula? Por supuesto, habrá días en los que no te sientas digna. Bienvenida al club. Y siempre habrá días en los que no tengas ganas de amar a los demás. Cuando lleguen esos días, pídele a Dios que te dé su corazón. Él no basa el amor en los sentimientos y tú tampoco deberías. Empuja a un lado esos sentimientos y acostúmbrate a su amor inagotable, una clase de amor al que no le importa cómo te esté tratando la vida ni los errores que hayas cometido hoy.

Hoy estás un paso más cerca

Por eso, Dios volvió a fijar un día, que es «hoy», cuando mucho después declaró por medio de David lo que ya se ha mencionado: «Si ustedes oyen hoy su voz, no endurezcan el corazón».

HEBREOS 4:7 NVI

Si has participado alguna vez en una maratón, ya conoces el valor de controlarte. Si estableces tus miras en llegar al final, fracasarás sin lugar a duda. Si te lo divides en pequeños tramos, es más probable que puedas llegar a la línea de meta.

El mismo principio es cierto en muchas cosas de la vida, por ejemplo, hacer dieta. Digamos que quieres perder dieciocho kilos. Si te centras en los dieciocho kilos, te desanimarás. Cada kilo o dos que pierdas parecerán poca cosa en comparación. De modo que ponte pequeñas metas de dos o cuatro kilos a la vez.

Nadie comprendía esto mejor que Renata. Quería correr la maratón local con el fin de recaudar fondos para la prevención del cáncer de mama, algo que su madre había experimentado. Sin ser en realidad una gran corredora, Renata empezó poco a poco. No dejó su primera carrera para «mañana». Comenzó «hoy». No le apetecía lo más mínimo, pero decidió que los sentimientos no tenían nada que ver en esto.

En primer lugar, se centró en conseguir correr alrededor de la manzana. Luego, poco a poco fue «aumentando» su distancia hasta que pudo correr los 5 kilómetros. Cuando llegó el día de la carrera, sabía que podía llegar hasta la línea de meta, porque se había entrenado para ello. No, no sería fácil. Sí, era viable. ¿Qué lo hizo posible? Se había controlado. No se había impuesto metas enormes, sino que lo había ido haciendo añadiendo distancia poco a poco. Al juntar todos aquellos añadidos, se había desarrollado en ella una corredora, y había aumentado su resistencia.

Tal vez quieras correr una maratón. O recorrer diez kilómetros en bicicleta. O hacer una prueba para la obra de Navidad de la iglesia. O cantar en el coro. Quizás no hayas logrado aún ese punto, y necesites hacer progresos.

Aprende de Renata. Da pequeños pasos, unos pocos a la vez. Trabaja de forma gradual hasta donde necesites llegar.

No importa dónde te encuentres en tu viaje espiritual, físico o de cualquier otro tipo, decididamente hoy estás un paso más cerca de tu meta de lo que estabas ayer. Aunque resbales y caigas, estás un día más cerca. Aunque cometieras errores ayer, hoy estás en posición de avanzar. No mires atrás. Mantén tus ojos en el premio. Mujer de propósito, ¡tú puedes hacerlo! Un pie delante del otro. Sigue moviéndote. Comienza hoy para que mañana no tengas que lamentarte. El progreso comienza ahora mismo. En breve estarás corriendo con facilidad, ¡y te preguntarás por qué dudaste de ti misma!

....

....

....

....

....

....

....

....

....

....

....

....

....

....

....

....

....

....

Tu mentalidad puede cambiar

. . . .

Haya, pues, en vosotros este sentir que hubo también en Cristo Jesús.
FILIPENSES 2:5 RVR1960

Lindy creció en una casa en la que se hablaba de política... demasiado. Le enseñaron a pensar de una manera determinada sobre las personas, basándose en sus opiniones políticas. A veces, las conversaciones se caldeaban. Vehemente. Lindy se subió al barco, y le encantaba la sensación de unidad que la embargaba cuando los demás estaban de acuerdo con ella. Se sentía fuerte. Reforzada.

Sin embargo, con el transcurso de los años, no todo el mundo estaba de acuerdo con ella. Al ir creciendo, Lindy marginaba a los amigos y a los compañeros de trabajo por tener una postura distinta. Al principio no se daba cuenta de que la gente la evitaba, pero después de un tiempo ya no podía seguir negándolo. Lindy dio un paso atrás y oró por su situación. Comenzó a analizar su anterior mentalidad, para enfrentarse finalmente a la idea de que, quizás, ni siquiera estaba realmente de acuerdo con sus padres y las opiniones de estos. Después de mucha oración y de un análisis concienzudo, Lindy hizo lo impensable; cambió de mentalidad. Sus opiniones seguían siendo vehementes, pero esta vez estaban arraigadas en su fe, en su propio viaje personal. Tenían sentido para ella.

A lo mejor te has sentido alguna vez en el lugar de Lindy. Quizás creciste bajo una denominación particular y adquiriste una fuerte postura, y después cambiaste de rumbo siendo adulta. Veías la vida a través de un filtro determinado, y con el tiempo cambiaste de filtro. Esto no quiere decir que todas las denominaciones (o partidos políticos) estén equivocados... o sean malos. Pero nuestros grupos /creencias deben estar alineados con la Palabra de Dios y con lo que tiene sentido para nosotros como individuos.

Esta es la cuestión: tu mentalidad puede cambiar. No tienes que permanecer aferrada a tu postura, simplemente porque hayas sido criada de ese modo. Pídele a Dios que te muestre su perspectiva, ¡y después prepárate para un poco de cambio! Tu mente puede cambiar con respecto a muchas cosas. Por ejemplo, a lo mejor creciste con ciertas opiniones sobre las personas de otras razas. Dios puede (y probablemente lo hará) cambiar tu mente sobre todo esto. Quizás creciste pensando que ciertos alimentos eran asquerosos. Luego, al ir creciendo, te enamoraste de esos alimentos. Es posible que crecieras despreciando hacer ejercicio, y cuando llegaste a la adultez descubriste tu amor al jogging.

Existe un cambio mayor que la combinación de todos los demás. Cuando cambias tu mentalidad de «puedo manejar la vida por mi cuenta», Dios aparece y toma las riendas. Y cuando Dios está totalmente al control... ¡cuidado! Tienes muchísimos cambios por delante. Pero no te preocupes. El cambio es algo bueno, cuando el Señor está en él.

Puedes hallar el bien

*Buscad el bien y no el mal; así viviréis y el Señor, Dios
del universo, estará con vosotros, según decís.*

AMÓS 5:14 BLP

Hallar el bien. ¡A veces es difícil! Imagina esto: estás atravesando una época dura. A lo mejor estás pasando por un divorcio o por la ruptura de una relación. Tu corazón está roto. Te preguntas si alguna vez te sentirás normal —o amada—, de nuevo.

Sadie experimentó un tiempo difícil. Estaba comprometida con un gran chico, Ethan, recién salido del colegio bíblico. Tenían grandes planes para el futuro. Podía imaginarlo todo ahora mismo... trabajarían juntos en el ministerio, tal vez incluso irían al campo misionero. Tendrían dos o tres hijos e influirían en el mundo a causa del evangelio. Entonces, justo cinco semanas antes del gran día, su prometido cambió de opinión. Ya no quería casarse. No había una tercera parte involucrada; sencillamente él sintió que la relación/matrimonio no era la voluntad de Dios para su vida. Sadie estaba destrozada, como podrás imaginar. Su corazón estaba roto. Se cuestionó todo, incluso su fe en Dios. ¿Acaso no había orquestado Él su compromiso desde el principio?

Tres dolorosos años transcurrieron antes de que Sadie conociera al hombre que se convirtió en su esposo. No, no estaba preparado para el campo misionero. Trabajaba como ingeniero en una compañía de petróleo y gas. Pero era la pareja perfecta que Dios tenía para ella. Se casaron y tuvieron tres preciosos hijos, y ella vivió la vida que el Señor había planeado para ella desde el principio. Muchas veces susurró la oración: «¡Gracias, Dios, por no haberme casado con Ethan!». Y lo decía en serio.

En medio de semejante trauma es duro hallar lo bueno, pero Dios quiere restaurar tu esperanza. En lugar de lamentarte por lo que fue, o por lo que podría haber sido, ¿por qué no te centras en la gracia de Dios para ayudarte a superar el día de hoy? Sus planes para ti son enormes, mucho más grandes de lo que podrías soñar. Tienes mejores cosas por delante. Así que, cuando las cosas vayan mal (y sucederá) solo di para ti misma: «Dios debe de tener algo mejor en mente». Lo tiene, y tú lo sabes.

En realidad, solo hay una forma de hallar el bien; no representes la escena como una película en tu cabeza. No sigas rebobinando y deseando, esperando, soñando que ojalá pudieras cambiar el pasado. Ya está. Corta la película y comienza de nuevo. Las fotos, las imágenes en las que necesitas enfocarte son las que se encuentran en la Palabra de Dios. La Biblia está llena de promesas sobre la esperanza. El gozo. La paz. La restauración.

Hay un bien en cada situación. Cuando tengas el corazón roto, tienes a un Dios que se preocupa por ti. Cuando te enfrentes a una pérdida, Dios te llenará de su paz. Cuando estés pasando por una lucha financiera, tienes un Dios que te proporciona todo lo que necesitas. Piensa en ti misma como en una arqueóloga. Sigue buscando, excavando, arañando, buscando el bien. Lo encontrarás con toda seguridad.

....

....

....

....

....

....

....

....

....

....

....

....

....

....

....

....

....

Puedes superar la tristeza

. . . .

*Tenme compasión, Señor, que estoy angustiado; el dolor está
acabando con mis ojos, con mi alma, ¡con mi cuerpo!*

SALMO 31:9 NVI

Abrirte camino a través de una época de dolor puede resultar terrible a varios niveles. En muchos sentidos, es como intentar ir de un lugar a otro en la oscuridad de la noche, cuando no estás segura de adónde te diriges o con qué podrías encontrarte en tu camino. Tienes dos opciones para llegar al otro lado de una etapa tan difícil: (1) Confiar en que hay vida más allá de aquello que estás experimentando ahora mismo, y (2) No cuestionar la bondad de Dios.

Esa segunda opción es difícil, sobre todo si sientes que la persona por la que te estás lamentando abandonó esta vida antes de tiempo. Cynthia, una joven madre, es un perfecto ejemplo. Ella perdió a su hijo mayor (que solo tenía cuatro años) de una trágica enfermedad. Murió rápidamente, de una forma inesperada, después de estar enfermo tan solo durante unos cuantos días. Esta pérdida catastrófica sacudió el mundo de Cynthia, como podrás imaginar. Simplemente no podía asumirlo. Tiempo después, caminaba por la niebla. Sus otros hijos la necesitaban, pero no disponía de los medios para cuidarlos. Su esposo hizo frente al reto, y se ocupó de la mayor parte del trabajo, pero se preguntaba en secreto si habría perdido a su esposa, además de a su hijo.

Le llevó bastante tiempo llegar a un punto en el que pudo funcionar, incluso de una forma casi normal. Volver a una vida habitual parecía una traición a su primogénito. ¿Cómo podía seguir brillando el sol sin él? ¿Cómo podía dar su amor a los demás? Apenas parecía justo.

Y sin embargo, lo hizo. Por medio del amor a los demás, acabó finalmente llevando su duelo a un lugar mejor. En lugar de discutir con Dios, por fin aprendió a confiar de nuevo en Él. No, ella no tenía todas las respuestas, pero dejó de preguntar «¿por qué?».

Si has llorado la pérdida de un ser querido (de una relación o de un trabajo), hay esperanza. Llegarás a un lugar mejor. El llanto no durará para siempre. Y, aunque pueda parecer imposible, tu corazón finalmente latirá de nuevo con regularidad... con la ayuda de Dios. No, las cosas no volverán a ser iguales. Aún seguirás luchando con las emociones y los sentimientos, que vienen de Dios. Pero puedes confiar en el Señor en medio de tu dolor. Él te adora y quiere verte consolada.

Hay vida más allá de aquello por lo que estás pasando. La hay. Y, lo sientas o no, Dios es bueno. Su amor por ti perdura más allá de todo el dolor y la tristeza.

Tu perspectiva importa

*Que el Dios que infunde aliento y perseverancia les conceda
vivir juntos en armonía, conforme al ejemplo de Cristo Jesús.*

ROMANOS 15:5 NVI

La resistencia. ¡Nos cansamos con solo pronunciar la palabra! Abby llegó a comprender esa palabra a la perfección cuando se convirtió en la cuidadora de su padre. Cuando la salud de su padre disminuyó, preparó su mente para mantener una buena actitud y aferrarse a ella, sin importar lo difícil que llegara a ser el viaje. Sabiendo que su padre estaba probablemente en sus últimos pocos meses de vida, quería hacer que sus días fueran preciosos. Claro que había días en los que lloraba hasta quedarse dormida por la noche, pero Abby no desistió. Resistió, incluso cuando las cosas se pusieron muy, muy duras.

Después de tres meses de lucha, su padre falleció. Muchas personas se reunieron alrededor de Abby y le ofrecieron amor y consuelo. Otros, los amigos de su padre y su familia extensa, le ofrecieron múltiples agradecimientos por cuidar de su padre de una manera tan desinteresada. Unos pocos reconocieron que la contemplaban con gran admiración. Algunos amigos sabios le sugirieron que se tomara algún tiempo para recuperarse física y emocionalmente. ¿Por qué era esto tan importante? ¡Porque la resistencia es agotadora!

A lo mejor estás pasando por una época que te está pidiendo resistencia. Quizá tu viaje parece demasiado largo. Demasiado duro. Es posible que el camino parezca demasiado difícil para navegar. No desistas. Pon un pie delante del otro, y sigue avanzando. Tu fuerza no viene de dentro, independientemente de lo que te diga la multitud «individualista». Tu fuerza viene de lo alto, del Señor mismo. Él está ahí mismo, junto a ti, sostiene tu mano y hasta carga contigo en sus brazos en los momentos más duros.

El corredor que resista se acercará a la línea de meta y oirá las palabras: «Bien, buen siervo y fiel». Mujer de propósito, ¡tú puedes hacer esto...! Por duro que sea, con su ayuda, lo harás. ¿Y la fuerza impulsora? Tu perspectiva. Tu actitud puede ser la de «Esta es una época terrible. ¿Por qué tengo que pasar por esto?», o la de «Gracias, Dios, por darme la oportunidad de acercarme a ti y a los que amo». Aunque a veces resulte difícil, la elección puede marcar toda la diferencia.

¿Cómo defines la perspectiva? ¡Todo es cuestión de actitud, hermana! Es tu forma de contemplar la situación, tu particular punto de vista. Puedes elegir ser una mujer de perspectiva correcta. En lugar de sentir ganas de desistir, estarás motivada porque ves las cosas a través de unas lentes divinas. Así que, ponte esas gafas espirituales. Pídele a Dios su punto de vista. Luego, resiste la carrera con su visión.

ya no estás en esclavitud

Y ustedes no recibieron un espíritu que de nuevo los esclavice al miedo, sino el Espíritu que los adopta como hijos y les permite clamar: «¡Abba! ¡Padre!».

ROMANOS 8:15 NVI

La intención de Felicity no era luchar contra una adicción al alcohol. De hecho, se habría considerado probablemente la última persona en hacerlo. Después de todo, había crecido con un padre alcohólico que no pagaba las facturas por culpa de su adicción, que no sabía cómo mostrar amor por su voluble estado emocional, y que terminó en el hospital una y otra vez por intoxicación alcohólica, daños hepáticos y muchos otros trastornos autoinducidos.

No, ella no pretendía ser adicta al alcohol, pero eso fue exactamente lo que ocurrió. De joven había prometido que nunca probaría el alcohol, al fin y al cabo había arruinado la vida de su padre, pero de joven adulta se vio tentada. Después de unas cuantas bebidas «inocentes», ya estaba enganchada. Poco después estaba por completo esclavizada al alcohol. Oh, lo ocultaba lo suficientemente bien ante los demás, pero Felicity sabía la verdad. No podía pasar de un día a otro sin una copa. O dos. O cinco. Poco después, ni siquiera le importaba si su familia y amigos lo sabían. De todos modos, ¿qué importaba? Tenía su alcohol para hacerle compañía y traerle consuelo. Por supuesto, era un amigo agridulce, uno que la dejaba sintiéndose vacía y enferma.

A lo mejor te identificas con la historia de Felicity. Quizás tú también estés esclavizada a algo (el alcohol, el azúcar, los alimentos fritos, el sexo gratuito extramatrimonial). Cuando estás esclavizada, es el equivalente a estar sentada en una silla atada con cuerdas. Se diría que no hay forma de salir.

Mujer de propósito, ¡sí existe una salida! Puedes soltarte con la ayuda de Dios. No, no tienes las fuerzas para hacerlo por ti misma, pero Él es lo suficientemente poderoso para hacer el trabajo. Tú solo tienes que rendirte a Él. Cuando lo haces, Él puede (de un solo golpe) tomar esas cuerdas y romperlas. La esclavitud puede llegar a su justo final, reemplazada por una libertad que nunca conociste.

La mitad de la batalla recae en la elección. Debes elegir ser liberada y debes quererlo de verdad. No puedes acabar con una adicción a medias, con una actitud de «ojalá pudiera cambiar». Debes poner toda la carne en el asador. Debes permitir que una pequeña palabra de seis letras gobierne el día: D-E-C-I-D-E. Una vez que la decisión está verdaderamente tomada, el Espíritu de Dios tiene la libertad de tomar las riendas y realizar el trabajo necesario. Sométete a su plan, a su voluntad (no importa lo dura que sea), y observa cómo esas cuerdas se rompen en dos. La adicción/esclavitud puede ser, en verdad, algo del pasado. Dios te llama a vivir en completa y total libertad en Él.

Tu esperanza está en el señor

Los recordamos constantemente delante de nuestro Dios
y Padre a causa de la obra realizada por su fe, el
trabajo motivado por su amor, y la constancia sostenida
por su esperanza en nuestro Señor Jesucristo.

1 TESALONICENSES 1:3 NVI

Darla, una mujer soltera de treinta y tantos años, oró durante largo tiempo para poder tener algún día su propia casa. Esperaba (a pesar de los obstáculos) establecerse un día en un lugar que fuese suyo, uno en el que pudiera elegir pintar las paredes de cualquier color que ella quisiera. Esperaba encontrar un lugar cerca de su trabajo. Esperaba invitar a amigos de la iglesia a su espaciosa cocina, donde compartirían juntos alrededor de la mesa. Y, de este modo, se propuso hacer que ocurriese, trabajando horas extra para ahorrar dinero, luego visitando una casa tras otra, preparada para encontrar la perfecta.

Después de decantarse por el lugar ideal, Darla hizo una oferta en firme. Sabía sin lugar a dudas que conseguiría la casa de sus sueños. En cambio, quedó devastada al recibir la noticia de que su oferta por la casa no había sido aceptada. Otra persona presentó una oferta más alta y tenía unos ingresos más sustanciales. Perdió su casa. La que ya había empezado a decorar en su imaginación. Aquella en la que planeaba vivir durante el resto de su vida. Darla no podía creerlo. Su esperanza acabó en decepción. Dejo a un lado el deseo de comprar, y firmó otro contrato de arrendamiento por su apartamento.

¿Has esperado alguna vez algo, has deseado que ocurriera, y después lo has perdido? Si es así, entonces comprenderás sin duda la angustia de Darla. Aquí tienes una buena noticia: a pesar de cualquier muro al que te hayas enfrentado, a pesar de que te cierren las puertas de un portazo, aún puedes poner tu esperanza y tu confianza en Dios. Has oído el viejo dicho: «Si Dios cierra una puerta, en algún sitio abrirá una ventana». ¡Es cierto! Cuando las puertas se cierran (aunque no lo sientas así en el momento), Él siempre tiene un plan mejor.

¿No lo crees? Un año después de que Darla perdiera la casa de sus sueños, conoció al hombre de sus sueños. Robert tenía su propia casa, una mucho mayor que la que Darla había estado buscando. Se casó con él. Se mudó a la casa, y juntos formaron una familia. Por el camino, aprendió a no poner su esperanza en una casa, sino en el Señor. El plan de Dios para ella era mucho más grande de lo que podía haber soñado.

Las cosas a veces no salen como queremos, claro está. Y es cierto, ¡la vida puede pasar factura! Nos desilusionamos. Nos desesperamos. Pero, oh, dulce mujer de propósito... si solo pudiéramos ver la imagen panorámica. ¡Si solo supiéramos las bendiciones que están a la vuelta de la esquina! Entonces, ninguna de las decepciones importaría ni una pizca.

Confía en Él. Deposita tu esperanza en Él. No te decepcionarás.

Tu gozo es contagioso

Escribimos estas cosas para que ustedes puedan participar plenamente de nuestra alegría.

1 JUAN 1:4 NTV

¡Pobre Lisa! Vivía en una casa con tres hijas pequeñas que siempre parecían estar enfermas. Cuando una de las niñas se resfriaba, se lo contagiaba a las demás. Era una historia interminable. La palabra *contagioso* se convirtió en parte constante del vocabulario de Lisa. Se encontró yendo y viniendo a la consulta del pediatra en múltiples ocasiones, y siempre porque sus hijas «compartían» su enfermedad. Recurrió a las redes sociales como una salida de sus lloriqueos por lo lamentable que era su vida. Casi cada *post* era una llamada de atención de «pobre de mí». Por supuesto, ella quería las oraciones y el apoyo de los demás, pero después de un tiempo, las personas se convirtieron en oídos sordos, sobre todo cuando ella comenzó a criticar la reticencia de su esposo a compartir la carga. Triste, porque ella de verdad necesitaba el amor y el apoyo de sus amigas y de su familia. En lugar de extender un mensaje positivo de esperanza, eligió revolcarse en lo negativo.

Piensa en la palabra *contagioso* por un momento. Es una palabra interesante, ¿no es así? cuando eres contagiosa, estás bastante segura de que los demás «agarrarán» aquello que tienes. Esto no es bueno cuando estás enferma, pero es maravilloso cuando estás llena de gozo. ¡Una mujer gozosa burbujea y extiende su gozo (gérmenes buenos para ti) con los demás! Se abre camino con sus risas en los corazones de quienes la rodean y hace que las personas «se contagien» de lo que ella tiene. Los demás no tardarán en estar burbujeando de gozo.

¿De dónde proviene este gozo? Borbotea dentro de nosotras cuando nos percatamos de nuestro propósito. Cuando apreciamos nuestro designio, nuestro llamado único del Señor. Danza en nuestros corazones cuando vencemos obstáculos y hablamos a las montañas. Se precipita sobre nosotras como un poderoso río cuando presenciamos milagros. Incluso se establece dentro de nuestros corazones cuando encontramos sanidad después de una ruptura. En pocas palabras, el gozo es un regalo que no podríamos hacer aparecer, sino que se convierte en parte de nuestro caminar diario. No, no siempre experimentamos momentos positivos y alegres, pero eso no significa que nuestra perspectiva tenga que agriarse. No tenemos que amargar a los demás con nuestra negatividad. ¡Hay una elección que hacer!

¿Eres una persona gozosa? Si no es así, a lo mejor necesitas pasar más tiempo con personas positivas y alegres para que te «entre» el gusanillo. Una vez que lo pillas, ¡no hay remedio! Tu trabajo —si escoger aceptarlo— consiste en contagiarle el gusanillo a todo aquel que esté en contacto contigo. Todo es cuestión de perspectiva, por supuesto. Puedes elegir estar gozosa, incluso en medio de la batalla. Cuando lo hagas, ¡cuidado! ¡El gozo te fortalece! Te proporciona los recursos para que estés preparada para todo, aun cuando la lucha parezca enorme.

¿A qué estás esperando? Mujer de propósito, contágiate del gusanillo. Luego, haz lo mejor posible para contagiárselo a todo aquel con el que estés en contacto.

Estás rodeada de personas hermosas

. . . .

*Ahora bien, ustedes son el cuerpo de Cristo, y
cada uno es miembro de ese cuerpo.*

1 CORINTIOS 12:27 NVI

El mundo está lleno de personas disparatadas, maravillosas y únicas. Son altas, bajas, regordetas, delgadas... y todo lo que hay entremedio. Cada una es magníficamente amada por su Creador. No importa dónde vivan, el color de su piel o el idioma que hablen. El amor de Dios no conoce barreras sociales. Vé a través de cualquier defecto físico, cualquier barrera humana y cualquier sistema de clases.

¿Cuándo fue la última vez que te detuviste para centrarte verdaderamente en la belleza interior y exterior de las personas que te rodean? La anciana vecina con su piel suave y arrugada y su sonrisa siempre presente. Ese cartero con el brazo cargado de sobres. Ese montón de niños que bajan del autobús, y sus risas resuenan por toda la calle. La empleada de la tienda de comestibles, tan absorbida en su trabajo que apenas te mira mientras suma tu pedido. Esa adolescente en el aparcamiento, charlando con sus amigas. Ese chico de veintitantos años con muchos tatuajes. Cada uno es hermoso ante los ojos de su Creador.

Para ver hermosos a los demás es preciso mirar con los ojos de Dios. Necesitamos su visión. Cuando Él contempla a la defectuosa humanidad, ve a cada uno a través de los ojos del amor. Y no se trata de cualquier tipo de amor. El suyo es del tipo «felices para siempre», «nos vemos en el cielo donde pasaremos toda la eternidad juntos».

Si alguien entendió esto fue la Madre Teresa. Ella trabajó en los suburbios de Calcuta, atendiendo las necesidades de los niños huérfanos. Su amor y su pasión por los oprimidos era incesante. Cuidaba a los que estaban hambrientos, el «más pobre de los pobres». Las cosas no eran fáciles para ella, como podrás imaginar, pero no tiró la toalla. A veces se vio suplicando por comida y provisiones, pero no cejó en su empeño. De su entusiasmo surgió una organización, una pequeña orden de monjas que creció hasta llegar a ser más de cuatro mil. La palabra floreció y acabó proporcionando centros por todo el planeta, y cientos de miles de necesitados recibieron cuidados. Todo esto salió de la silenciosa pasión de una mujer por ayudar al pobre.

Muchos contemplarían una fotografía de la Madre Teresa y pensarían: *No era muy hermosa.* De hecho, no lo era, al menos no según los estándares del mundo. Vestía como los pobres, no llevaba su pelo a la última moda, y probablemente no tenía un par de zapatos de tacón alto. ¡Oh, pero si los críticos pudieran tan solo ver el amor de su corazón! Si pudieran captar un destello de la pasión en sus ojos, se lo pensarían de nuevo. A veces lo «más sencillo» de las personas es lo más maravilloso de su interior. Su belleza radica en los deseos y en las pasiones fomentadas por Dios para expandir el amor por dondequiera que vayan.

Quiero añadir algo para que lo medites mientras miras a los ojos a aquellos con los que estás en contacto cada día. Mujer de propósito, en verdad estás rodeada de belleza.

....
....
....
....
....
....
....
....
....
....
....
....
....
....
....
....

Estás segura en sus brazos

Torre inexpugnable es el nombre del Señor; a
ella corren los justos y se ponen a salvo.
PROVERBIOS 18:10 NVI

¿Alguna vez has meditado sobre la palabra *seguro*? En beisbol, un jugador está seguro si llega a la base antes de ser eliminado. En otras palabras, llega a su meta antes de que su oponente le obligue a abandonar. Piensa en ello por un momento. A menudo nos enfrentamos a retos. Cuando nos sentimos atemorizadas, solemos sentir ganas de tirar la toalla. Cuando «abandonamos» (emocional, psicológica, espiritualmente) sentimos que el juego ha terminado. No hay red de seguridad alguna.

Gillian sabía lo que significaba abandonar. Después de enfrentarse a un robo inesperado en su lugar de trabajo (un ajetreado banco del centro), se quedó paralizada, anclada por el miedo. Dejó su trabajo y decidió trabajar desde casa. Sus puertas permanecían cerradas. Apenas salía con sus amigas. Sencillamente, ya no se sentía segura. Le llevó algún tiempo hasta atreverse a estar en público de nuevo, e incluso entonces, se movía con gran precaución. Finalmente venció su temor y volvió al ajetreo de la vida, pero le costó mucho tiempo.

La vida ofrece muchísimas oportunidades para sentirse atemorizada. Y somos sabias al movernos con precaución, sobre todo si nos han herido en el pasado. Pero el miedo no es divertido. Es como una prisión, llena de barrotes y de puertas cerradas. Una vez dentro, es más difícil que nunca liberarse. Así que nos sentamos, paralizadas por completo en nuestro sitio, y nos preguntamos cómo sería tener una vida real, libre del miedo.

¿Cómo sales de la celda de esta prisión? Requiere valor. Exige confianza, no en ti misma, sino en la protección de Dios sobre tu vida. Tienes que examinar esa palabra *seguro* en el contexto de la Palabra de Dios. Estás a buen recaudo bajo su paraguas. Estás a salvo en sus brazos. Estás segura para compartir tus heridas, tus dolores, tus temores.

¿No lo crees? Piensa en tu relación con tus hijos (o con cualquier pequeño en tu vida). ¿No darías tu vida para protegerlos? Si se metieran en una calle concurrida, ¿no harías todo lo que estuviera en tu poder para salvarlos? Imagina cuánto más tu Padre celestial debe querer protegerte, mantenerte a salvo. Él te adora y en su corazón solo busca lo mejor para ti. Tú lo eres todo para Él. Y puedes confiar en Él, como lo hace el niño pequeño en su madre o su padre, sabiendo que correrán a su lado en el momento de crisis.

Segura. Protegida. Es la mejor forma de vivir. Así que acércate a Aquel que anhela mantenerte de esa forma, y confía en que le importas lo suficiente como para asegurarte de que estés a salvo.

No tirarás la toalla

*Alégrense en la esperanza, muestren paciencia en
el sufrimiento, perseveren en la oración.*

ROMANOS 12:12 NVI

L o único que Belinda quería hacer era cantar. Practicaba y practicaba, durante toda su juventud. Observaba cómo sus hermanas, sus amigas y sus compañeros de la escuela se presentaban a audiciones para coros, espectáculos y conjuntos... y lo hacían bien. Ella nunca lo consiguió. Jamás. Pero se negó a abandonar.

Cuando llegó al instituto, la madre de Belinda pagó para que tomara clases de voz. La profesora (Dios la bendiga) vio una chispa de potencial en la joven Belinda, así que trabajó con ella el matiz, el tono y la enunciación. Poco a poco, la voz mejoró. Belinda no era natural, de modo que tuvo que trabajar mucho en ello; sin embargo, llegado el penúltimo año, había conseguido un lugar en el coro, y para su último año le pidieron que cantara el gran solo del concierto de Navidad. Ese incidente sirvió para fomentar su confianza. Impertérrita por sus años de lucha, Belinda continuó hasta convertirse en la líder del grupo de alabanza de una gran iglesia, donde usó su don vocal para dirigir a otros a la presencia de Dios semana tras semana. A menudo reflexionaba sobre su viaje, sobre las muchas veces que podría haber abandonado. ¡Qué agradecida estaba de haber mantenido el rumbo!

No todas las historias de «no tires la toalla» terminan como la de Belinda, por supuesto, pero muchas sí. Al fin y al cabo, ¿cómo lo sabrás a menos que lo intentes? Por tanto, ¿qué vas a hacer con esas cosas que has querido abandonar? Tal vez, solo tal vez, si te atrevieras a persistir, si tuvieras el valor de seguir intentándolo, podrías conseguir tus metas. De no ser así, es posible que descubras otra cosa más adecuada. La cuestión es que no lo sabrás a menos que lo intentes.

La mentalidad de «no tires la toalla» nos sirve bien en muchos ámbitos de la vida. Las relaciones. Nuestro trabajo. La escuela. Lo que sea. Y podemos aprender del mejor ejemplo de todos, Jesús. Él vino del cielo a la tierra por su gran amor. El viaje no fue fácil, y apuntaba a su muerte final en la cruz, pero se negó a abandonar. Cuando sus oponentes lo golpearon y lo torturaron, él mantuvo el rumbo. Cuando le colocaron una pesada cruz sobre la espalda y recorrió el camino de la Vía Dolorosa (el Camino del Dolor), no lo dudó. El viaje fue arduo, pero él siguió adelante, todo el camino hasta el final. Y, al actuar así, ganó la victoria... ¡para nosotras!

Así que, mujer de propósito, ¿qué victorias te quedan aún por lograr? ¿Qué te parece demasiado duro? Ora, y pídele al Señor que te proporcione una dirección clara y, a continuación, toda la tenacidad necesaria para salir adelante. Lo conseguirás, si no tiras la toalla.

sabes cómo descansar

*Pues todos los que han entrado en el descanso de
Dios han descansado de su trabajo, tal como Dios
descansó del suyo después de crear el mundo.*

HEBREOS 4:10 NTV

Algunas personas nacen con una fuerte ética de trabajo. Salen del útero, se remangan y dicen: «¡Manos a la obra!». Rebotan de proyecto en proyecto con más energía que tres o cuatro personas juntas.

A lo mejor eres una de esas chicas. A lo mejor creces yendo siempre adelante. Si es así, desde luego que no estás sola. Considera la historia de Kendra. ¡Para que hablen de las abejas obreras! En el instituto fue la presidenta de su penúltimo año, la coordinadora del anuario, la ayudante del laboratorio de ciencia, y cualquier otro trabajo que te puedas imaginar. Incluso firmó como codirectora de la obra de teatro. En la universidad asumió la posición de liderazgo en su hermandad, y se vio inmersa en excesivas clases y hábitos de estudio debido a su doble licenciatura. Cuando se casó, a finales de la veintena, no tardó en sentirse frustrada con su relajado maridito, quien disfrutaba de sus días libres y al que no le gustaba especialmente pasarlos trabajando en la casa. Kendra siempre tenía una lista de cosas pendientes de hacer y no podía entender por qué él se negaba a estar atareado.

Kendra se alistó como voluntaria en su iglesia y, finalmente, se encontró a cargo del ministerio de mujeres. También acordó servir como tutora de curso en la escuela de su hija, y después se apuntó para traer aperitivos al equipo de béisbol de su hijo. Debido a que tenía cierta experiencia con el teatro, el teatro local la llamó y no tardó en dirigir una obra. Luego dos. Después tres. Los amigos de la iglesia se enteraron de esto y le pidieron que dirigiera la obra de Navidad. Finalmente, después de tres años ocupándose de la temporada de Navidad, explotó. Se vino abajo. El agotamiento la obligó a hacer un alto radical, y tomarse un descanso sabático.

¿Te puedes identificar con Kendra? Ella trabajó, trabajó y trabajó hasta llegar al agotamiento. Su cuerpo no podía seguir con tan pesada carga de trabajo, y acabó pagando las consecuencias con su salud y su estado mental. Incluso su matrimonio sufrió, como podrás imaginar.

No hay nada de malo en trabajar. De hecho, es algo bueno. Pero ¿trabajar en exceso? ¿Arriesgar tu salud? No es una buena idea. Dios tiene una solución, por supuesto. Está envuelta en una pequeña palabra: Sabbat (reposo). ¿Te has detenido alguna vez a pensar que Dios inició el Sabbat (el día de reposo) por nuestro propio bien? Nuestros cuerpos no estaban destinados a estar en marcha las veinticuatro horas del día. Cuando traspasamos los límites, a menudo pagamos el precio. Así que, descansa, dulce hermana. Descansa. Haz lo que tengas que hacer, y después niégate al resto. Llega a casa, pon los pies en alto y relájate. ¡Eso es! ¿No suena agradable? De hecho, podrías acostumbrarte a ello.

Tu corazón late con el suyo

*Les daré un nuevo corazón, y les infundiré un espíritu
nuevo; les quitaré ese corazón de piedra que ahora
tienen, y les pondré un corazón de carne.*

EZEQUIEL 36:26 NVI

Si alguna vez has experimentado la sensación de pánico, sin duda sabes cómo es un corazón que va a toda velocidad. Está fuera de sincronización, acelerado a un ritmo que asusta. Anhelas que vuelva a latir de un modo normal, constante, para que todo lo que te rodea regrese a la normalidad para que funcione de nuevo en condiciones. Nada de corazones desbocados. Nada de jadear un «¿Lograré llegar al final?». En su lugar, puedes estar tranquila. Fuerte. Puedes regresar a un lugar de seguridad donde día tras día su corazón y el tuyo tengan un mismo latido.

¿Cómo se produce esto en el mundo real? Pregúntale a Gina. Durante años caminó cerca del Señor, confiando en Él en cada decisión, buscándole en cada cambio de la vida, alabándolo incluso en los malos momentos. Luego, ocurrió lo impensable. Su esposo murió de forma repentina y la dejó tambaleándose. Caminaba en una neblina. Luchaba contra la incredulidad.

Durante meses, cuestionó a Dios. No dedicaba tanto tiempo a la Palabra ni a la oración. Desarrolló una actitud de «¿de qué sirve?». En pocas palabras, se desalentó y perdió la noción de lo que una vez fue una «estrecha» relación con su Padre celestial. La desconfianza se apoderó de ella. El latido de su corazón no tardó en perder toda sincronización con el de Él. Con frecuencia tenía sensación de pánico y se preguntaba si las cosas volverían alguna vez a la normalidad. El Señor siguió buscándola hasta que ella —poquito a poquito— volvió a recuperar la confianza. La verdad la impulsó a echarse en sus brazos donde halló la sanidad que necesitaba.

Tal vez tu historia sea un poco como la de Gina. Algún cambio importante en tu vida ha provocado que tu corazón se acelere. Te preguntas si volverá a ralentizarse, si latirá de nuevo en sintonía con el Señor. En verdad solo existe un lugar para tener la clase de proceso de corazón que necesitas, dulce amiga, y es en los brazos de Jesús. Él es el Creador de tu corazón y sabe con exactitud lo que se necesita para volver a alinearlo con el suyo. Tendrás que llevarle a Él tu dolor, tus cargas, tu tristeza. Anhela que se los entregues —así como cualquier otra lucha que estés experimentando— para que puedas ser sanada.

Un período de tiempo «fuera de sincronización» puede ser tan solo eso... una época. Cuando corres hacia Él, cuando depositas tus luchas a sus pies, Él puede recomponer hasta el corazón más destrozado.

Tu toque sana heridas

*El Espíritu del Señor omnipotente está sobre mí, por cuanto
me ha ungido para anunciar buenas nuevas a los pobres.
Me ha enviado a sanar los corazones heridos, a proclamar
liberación a los cautivos y libertad a los prisioneros.*

ISAÍAS 61:1 NVI

Tal vez cuando eras niña soñabas con llegar a ser médico o enfermera. Quizás lograste alcanzar esa meta y trabajar en el campo médico, o incluso en el campo misionero. Sin embargo, la mayoría de nosotras no tenemos la oportunidad de trabajar cara a cara con los pacientes, curar heridas o cuidar de los que sufren dolor físico. Pero esto no quiere decir que no podamos marcar la diferencia. Echa una mirada más de cerca al versículo de hoy. Jesús fue el ejemplo supremo de sanador. Con un solo toque, los cuerpos se curaban milagrosamente, los ojos ciegos se abrían y la ansiedad mental se tranquilizaba. ¿Sigue Él obrando así hoy? ¿Nos usa Él para realizar sanidades?

Considera la historia de Meg. Observó cómo una buena amiga, Jody, experimentó una dura cirugía para reparar su tobillo destrozado. Jody estaba pasando por una ruptura en su matrimonio en aquel mismo momento y estaba baja de ánimo. Meg se preguntó qué podía hacer para ayudarla. Después de abandonar el hospital, necesitaba un lugar donde quedarse, alguien que cuidara de ella. Meg dio un paso al frente y le abrió su hogar, y hasta le cedió su dormitorio principal a su nueva huésped.

Durante la semana que Jody pasó en su casa, Meg la alimentó, la cuidó, oró con ella y (sobre todo) la alentó. Al final de la semana, Jody regresó a su propia casa más feliz, con mejor salud y sintiéndose mejor respecto a la vida de lo que se había sentido desde hacía mucho tiempo.

El papel de Meg en la vida de Jody podría parecer pequeño, pero marcó una enorme diferencia para Jody. Y esa es la idea, ¿no es así? No podemos atender a las necesidades de todos los que estén sufriendo dolor, pero sí podemos hacer una gran diferencia para uno o dos. O tres o cuatro. Nadie sabe hasta dónde podría llegar tu alcance, si te ofreces a ti misma. Y no tienes que limitarte a los que experimentan dolor. A tu alrededor hay personas que sufren. Corazones rotos. Espíritus heridos. Personas que buscan a alguien que los abrace y les susurre un suave «Todo va a ir bien».

¿Serás hoy ese alguien para una amiga? ¿Sanarás a quienes tengan el corazón destrozado? Sigue el ejemplo de nuestro Salvador, quien entregó su vida por nosotros para que pudiéramos experimentar sanidad y plenitud. Sé una transformadora de vida para una amiga o para un ser amado que esté en necesidad. Al actuar así, ambas vidas serán tocadas y cambiadas, y la sanidad podría llegar también a tu corazón así como al de la otra persona.

....

....

....

....

....

....

....

....

....

....

....

....

....

....

....

....

....

....

Tienes potencial

. . . .

*Entonces la forma en que vivan siempre honrará y
agradará al Señor, y sus vidas producirán toda clase
de buenos frutos. Mientras tanto, irán creciendo a
medida que aprendan a conocer a Dios más y más.*

COLOSENSES 1:10 NTV

Potencial. Qué palabra tan interesante. No siempre nos importa oír la frase «tienes potencial» (porque significa que todavía no has llegado al objetivo), pero chicas quien dice que no estén sencillamente apaciguando. Lo dicen de verdad. Si fijamos nuestra mente en ello, si lo aplicamos a nosotras, mejoraremos en cualquier cosa que esperemos hacer.

¿Cómo funciona esto a cabo en el mundo real? Supón que eres madre de un niño que se ha presentado a una audición en un teatro local. Tu hijo se prepara para la prueba, y pone todo su empeño para memorizar las frases. Entra en la sala de audición con los directores y regresa con un aspecto sombrío en su cara. Estás preocupada, porque no lo hizo tan bien como él esperaba.

Avanza unos cuantos días. La lista de actores está publicada y tu hijo figura en el coro. No consiguió un papel principal ni parte alguna con diálogo. Estás convencida de que la directora cometió un error, así que le preguntas por el asunto. Ella responde con esas palabras que a ninguna de nosotras nos gusta oír: «Realmente nos gustó la audición. Tiene mucho potencial». Entonces te cuenta todas las obras que harán durante el próximo par de años y dice: «Quizá consiga un papel con diálogo, si persiste en ello».

El potencial señala hacia una preparación futura, a una respuesta: «no está listo todavía; quizá algún día». Piensa en ello por un momento. Probablemente tengas muchas ideas y planes para el futuro, pero no estás preparada aún para conseguir tus objetivos en este mismo momento. Quizá quieras correr una maratón, pero apenas puedes correr alrededor de tu manzana. Tienes potencial para correr, pero necesitas entrenar para ello. Lo mismo sucede con tu hijo. Si realmente quiere impresionar al director, debería aceptar el papel en el coro, dar lo mejor de sí mismo, y después desarrollar sus habilidades. Subir de categoría.

¿Qué haces, pues, con todo este potencial que hay dentro de ti? ¿Qué haces con ese deseo ardiente de lograr grandes cosas, en especial si no estás preparada para saltar todavía del trampolín? Entrégaselo a Dios. Pídele que lo multiplique. Comprueba tus motivaciones. Asegúrate de que te estás esforzando por las cosas correctas, y haciendo todo ello por amor a Él, y no por ti misma. ¡Observa cómo la palabra *potencial* se transforma en palabras como *efectiva, poderosa... preparada!*

Continúa así. ¡El potencial es un pequeño destello diminuto, preparado para ser encendido!

Tú marcas la diferencia

. . . .

Sepan que el Señor honra al que le es fiel;
el Señor me escucha cuando lo llamo.

SALMO 4:3 NVI

Laura no sentía que tuviera mucho que ofrecer a sus amigos. No era una gran cocinera, así que no podía traer los mejores guisos a las reuniones. No era la mejor cantante, así que no podía unirse al coro de la iglesia. Ni siquiera era la mejor ama de casa. De hecho, tenía problemas para mantener su casa toda organizada. No tardó en sentirse «menos que» (aunque nunca lo habría dicho en voz alta).

Sin embargo, una cosa que Laura tenía a su favor era la capacidad de preocuparse profundamente por sus amigas y de levantarles el ánimo. Le encantaba enviar tarjetas y notas por email. Disfrutaba saliendo con sus amigas a ver películas y a cenar. Y cuando una buena amiga tenía que ser hospitalizada durante un largo período de tiempo, Laura se ocupaba de sentarse al lado de la cama de su amiga durante días, incluso semanas, sin cesar, y le proporcionaba así a la familia el descanso que tanto necesitaba. Durante este tiempo, la gente le agradecía profusamente su sacrificio. Solo había un problema: ella no consideraba que lo que estaba haciendo fuera un sacrificio, en absoluto. ¿No se entregaban todos de este modo? ¿Por qué consideraba la gente que un acto de servicio tan simple era un don? ¿Estaría ella marcando una profunda diferencia, como ellos insinuaban?

¡La respuesta es sí! Su pequeño «acto de servicio» era algo enorme para su amiga y para la familia de esta. Y aunque ella no pensaba que esto tuviera mucho valor, el hecho de «estar ahí», lo tenía en realidad.

Puede que hayas experimentado algo parecido a lo de Laura. Te has sentido inadecuada, como si no tuvieras mucho que ofrecer. Piensa en la diferencia que el simple hecho de sentarse al lado de la cama de una amiga enferma marcó en la vida de esa familia. Hay muchísimas formas en que puedes bendecir a los demás, incluso sin que te sientas «excepcionalmente talentosa» hasta el punto de llamar la atención. De todos modos, es mejor amar y preocuparse en silencio por alguien que causar gran sensación. Honra a Dios con tu diligencia silenciosa, y provoca una sonrisa en el rostro de quienes observan. No reclames atención ni pidas aplausos. Haz simplemente lo que te salga de forma natural que es, probablemente, el motivo por el que no te resulta un gran esfuerzo. ¡Mujer de propósito, ten ánimo! Te consideres talentosa o no, marcas una diferencia en las vidas de aquellos que te rodean. Realmente lo haces. Y puedes continuar haciéndolo en los próximos años. Pídele al Señor que te muestre cómo bendecir a los demás cuando más te necesiten. Al actuar así, tus talentos brillarán más que cualquier estrella del paseo de la fama en Hollywood.

Puedes cambiar tus cenizas por belleza

Me ha enviado a darles una corona en vez de cenizas,
aceite de alegría en vez de luto, traje de fiesta en vez
de espíritu de desaliento. Serán llamados robles de
justicia, plantío del Señor, para mostrar su gloria.

ISAÍAS 61:3 NVI

Marti tenía lo que algunas amigas llamaban «un testimonio verdadero». Antes de ir a Cristo, ella trabajaba en un club que comprometía su pureza de una forma importante. Rodeada del tipo de personas equivocadas, se vio envuelta con un hombre no tan especial y acabó embarazada. También luchó contra una variedad de adicciones. Después de varios años encontró ayuda en un refugio de mujeres. Allí aprendió un oficio y, finalmente, le entregó su corazón al Señor. ¡Qué cambio tan radical!

Pensarías que todo en la vida de Marti sería un camino de rosas después de esto, pero se encontró luchando para encajar con las demás mujeres en su nueva iglesia, incluso después de casarse con un gran hombre cristiano y tener dos hijos más. No podía dejar ir el hecho de que su pasado fuera diferente al del resto de las mujeres. A sus ojos, era peor que cualquiera de las demás. De modo que, en lugar de compartirlo, mantenía su boca cerrada y se negaba a contárselo a nadie. Hacía todo lo que podía por verse igual, actuar igual y vestirse igual que las demás mamás, pero en su interior ella se veía diferente. Su opinión de sí misma estaba contaminada. Cuando se miraba en el espejo, veía a la «vieja» Marti, no a la nueva. Esa impresión, esa imagen, eran difíciles de eliminar. Hizo lo que pudo para afrontar esa situación, pero se preguntaba en secreto si alguna vez conseguiría dejar atrás su propia imagen negativa.

Quizás te puedas identificar con su dilema. Tu pasado no fue genial. Sientes como si estuvieras manchada por tus pecados anteriores. ¡Oh, dulce mujer de propósito! Dios no te ve en absoluto de ese modo. Una vez que eres su hija, las cosas viejas/antiguas se quedan atrás. ¿Esas cicatrices, esas cenizas? Él las cambia por algo hermoso. Cuando te mira, ve una mujer maravillosa, liberada y llena de propósito. Sin manchas. Nada que les recuerde a los demás aquello que «solías ser». Tu radiante belleza viene de dentro y lo cambia todo.

No mires atrás. No más cenizas. Desaparecieron hace mucho tiempo. A partir de este momento, el reflejo en el espejo será precioso, hija santa del Dios Altísimo.

....
....
....
....
....
....
....
....
....
....
....
....
....
....
....
....
....
....
....
....
....
....

Nunca estás sola

Sean fuertes y valientes. No teman ni se asusten ante
esas naciones, pues el Señor su Dios siempre los
acompañará; nunca los dejará ni los abandonará.

DEUTERONOMIO 31:6 NVI

Lydia despreciaba la palabra *sola*. Hacía todo lo que estuviera en su poder para llenar sus días de personas, a fin de no tener que sentir nunca esa horrible palabra. ¿Por qué le molestaba tanto? Porque cuando era joven, había sido abandonada por su padre. Aun podía recordar el día en que él se fue y abandonó a la familia; eso la enfermaba. Así que llenaba todo su corazón de personas. Y actividades. Y comida. Y más actividades. Y más comida. Cualquier cosa y todo para alejarla de sentirse sola. En su «soledad» se sentía sola. Abandonada.

Al crecer en su relación con el Señor, Lydia descubrió que su «soledad» no era algo malo. De hecho, aprendió a disfrutar de sus momentos en silencio sin el ruido caótico y el ajetreo. Por medio del tiempo pasado en la Palabra de Dios, descubrió que de todas formas nunca estaba verdaderamente sola, ni siquiera cuando no había gente alrededor. La Biblia prometía que el Señor nunca la dejaría ni la abandonaría. ¡Qué asombrosa promesa para una mujer que había pasado por un dolor semejante! Afrontar esto trajo sanidad en muchos ámbitos, incluida la sobrealimentación.

¿Y tú qué? ¿Estás llenando el vacío, el hueco, con actividades? ¿Con personas? ¿Con comida? ¿Eres como Lydia, y haces todo lo que puedes para evitar pasar tiempo contigo misma? ¿Le tienes terror a tu tiempo inactivo? Si es así, podría ser el momento de mirar más de cerca lo que te está llevando a sentirte así. Quizás, al igual que Lydia, tienes problemas de abandono que se remontan a tu niñez. En ese caso, pídele entonces a Dios que sane tu corazón para que puedas afrontar el hecho de que estar contigo misma no equivale a estar sola.

A lo mejor has aceptado que nunca estarás verdaderamente sola, y hayas llegado a apreciar tu momento de silencio e inactividad. No importa a lo que te enfrentes, el Señor no se va a ningún sitio. No hay nada que puedas hacer para que se marche. El versículo de hoy es cien por cien verdad: Dios no te dejará. No te abandonará. No hay nada que puedas hacer para que Él se dé la vuelta y salga corriendo. Así que no le tengas miedo al silencio. No te preocupes más por la «soledad». Disfruta del silencio, y descansa cerca de su corazón.

Búscale a Él primero

. . . .

*Mas buscad primeramente el reino de Dios y su
justicia, y todas estas cosas os serán añadidas.*

MATEO 6:33 RVR1960

❋

Pensarías que buscar a Dios en primer lugar sería una inclinación natural
para aquellas de nosotras que lo conocemos y lo amamos. Después de
todo, Él nos ha salvado, nos ha dado una nueva vida, nos ha dado su nombre,
nos ha dado esperanza para el futuro, y ha establecido nuestros pies en el
buen camino. Entonces, ¿por qué buscamos otras cosas, y olvidamos pedir
su aportación?

¡La vida es tan ajetreada! Nos distraemos con lo que tenemos frente a
nosotros o con nuestros gustos y deseos. Buscamos las cosas que anhelamos
sin darnos cuenta de que hemos colocado «cosas» por delante de lo bueno.
Por ejemplo, un buen amigo consigue un auto nuevo y nosotras, en secreto,
desearíamos poder tener uno también, de modo que trabajamos más duro para
hacer que ocurra. Un pariente se va de vacaciones y nosotras desearíamos
tener esa oportunidad. Alguien de nuestra compañía consigue un ascenso
y nosotras nos sentimos por dentro más tensas que la cuerda de un piano,
porque desearíamos que nuestros esfuerzos se valoraran. Y, por tanto,
procuramos esas cosas. Nos esforzamos mucho para conseguir ese auto.
Derramamos nuestros esfuerzos ahorrando para las vacaciones. Escalamos
y escalamos por el organigrama corporativo.

No hay nada de malo en pretender conseguir cosas... o en quererlas, en
realidad. Pero tenemos que mantenerlo todo en perspectiva. Si observas el
versículo de hoy, verás que buscar a Dios en primer lugar coloca las cosas
en el orden correcto. Cuando le deseemos más a Él, cuando le busquemos a
Él primero, estas otras cosas serán añadidas. ¿Por qué? Porque Dios conoce
el deseo de nuestro corazón. Él anhela bendecirnos, pero quiere hacerlo a
su modo y a su tiempo.

Bobbi sabía esto demasiado bien. Ella creció con muy poco y tuvo todo
tipo de deseos y ambiciones respecto a lo que quería/necesitaba cuando
fuera adulta. Era una trabajadora esforzada, y se proponía hacer sus sueños

realidad. Sus hijos viajarían a los parques de atracciones. Su esposo y ella se irían de vacaciones. Vivirían en una gran casa y conducirían bonitos autos. Bobbi continuó trabajando, trabajando y trabajando, y logró todas estas cosas y mucho más. Pero algo se convirtió en un problema: ella buscó las cosas primero y olvidó poner a Dios en su lugar correcto. Le llevó varios años adquirir «cosas» antes de que se diera cuenta de lo que estaba haciendo. En ese momento, hizo un inventario de su motivación y cambió de rumbo. Dejó de perseguir cosas. Desde ese momento en adelante, asumió el compromiso de buscar al Señor en primer lugar y confiar en Él para el resto.

Seas como Bobbie o estés esperando y confiando en Dios para que supla tus necesidades diarias, recuerda siempre que buscarle a Él primero —con respecto a las cosas que necesitas o quieres— es la respuesta.

Has sido liberada del temor

*Sino que el amor perfecto echa fuera el temor. El que teme
espera el castigo, así que no ha sido perfeccionado en el amor.*

1 JUAN 4:18 NVI

El temor. Nos invade cuando menos lo esperamos. Ahí estamos, enrolladas bajo las sábanas, intentando dormir... cuando llega. No podemos describir el sentimiento, pero es semejante a tener una cuerda enrollada bien prieta alrededor del corazón, que aprieta cada vez más. Nos convence de que van a cortar la luz, que la casa va a ser embargada, que nuestra salud va a recaer. Hace que no conciliemos el sueño, y demos vueltas y vueltas en la cama, con el estómago agarrotado mientras visualizamos un escenario negativo tras otro. Pero, ¿por qué? ¿Por qué nos entregamos al miedo?

Cuando nos enfrentamos a una supuesta amenaza, el temor entra en acción de forma instintiva. Queremos huir, escondernos bajo las sábanas hasta que desaparezca «el hombre del saco». Esto es supervivencia básica en su máxima expresión, huir del temor. Cuando pensamos que se acerca una pérdida, entramos en pánico, ya sea la pérdida de un trabajo, de ingresos, de objetos de valor, de relaciones o de cualquier cosa por la que nos preocupemos. Cuando el temor nos invade, saltamos al modo lucha o huída. A veces salimos corriendo; otras veces estamos completamente bloqueadas, paralizadas en el sitio.

¿De dónde viene el temor? ¿Es una emoción? ¿Es algo que podamos controlar? El temor es nuestro archienemigo, y tenemos que verlo como tal. No podemos acariciarlo ni mantenerlo cerca. No podemos entablar amistad con él. El enemigo de nuestras almas es el autor del temor. Él sabe cómo usarlo contra nosotras... y cuándo. Piensa en él casi de la misma forma en la que imaginarías a Cupido con su arco. El enemigo apunta cuando estamos más vulnerables —durante un cambio de vida, una prueba, una mala racha—, y dispara su flecha directo a nuestro corazón. Cuando esta penetra, comienza esa sensación absorbente.

En realidad, solo existe una forma de arrancar el temor. Tenemos que reemplazarlo con la confianza. La Palabra de Dios está llena de centenares·

de promesas para convencernos de que el Señor es digno de confianza. Con Dios de nuestro lado, no hemos de tener miedo, ni siquiera cuando crucemos un valle profundo. Podemos hablarle al temor y ordenarle que se vaya.

No temas. Ese es un mandamiento de Aquel que te creó. ¿Cómo puede afirmar esto con tanta seguridad? Porque Él sabe lo que vendrá después, y ya ha creado un plan para que puedas pasar por ello. Mujer de propósito, ¡no temas! El Creador de todo está de tu parte.

Tus necesidades son satisfechas

Mi Dios, pues, suplirá todo lo que os falta conforme
a sus riquezas en gloria en Cristo Jesús.

FILIPENSES 4:19 RVR1960

¿Has abierto alguna vez tu nevera, has mirado fijamente el montón de alimentos y luego has declarado: «¡No hay nada que comer!». Puede parecer un ejemplo tonto, pero a menudo ocurre lo mismo cuando olvidamos ser agradecidas por lo que tenemos. No siempre recordamos que Dios está supliendo nuestras necesidades de una forma sobrenatural. Estamos cargadas de buenas cosas, una casa para vivir, un auto para conducir, amigos para compartir la carga, un trabajo decente, y aun así sentimos que nos falta algo. Queremos más.

Querer más no es algo malo en realidad, pero cuando estamos obsesionadas, desear, esperar, soñar más, más y más, puede conducirte a estar descontenta, y la insatisfacción es el enemigo de la paz. Lo cierto es que Dios promete atender tus necesidades. ¡Y lo hace! Eso no significa que no te prodigará de forma abundante, por encima de lo que podrías pedir o pensar. Él te adora y se deleita provocando una sonrisa en tu rostro y bendiciéndote de forma inesperada. Pero el descontento, las quejas y el afán de tener cada vez más... bueno, estas cosas te distraerán de donde necesitas estar.

La próxima vez que abras tu nevera, detente un momento y da gracias a Dios por lo que ya te ha provisto. Pídele que te dé el mismo sentido de satisfacción por tu casa, tu vestuario, tu trabajo. Y recuerda, Dios se preocupa más por ti que por el resto de la naturaleza. Si viste a los pájaros, si cuida a los animales del campo, y suple cada una de sus necesidades... ¿no hará más aún por ti, que eres su hija?

Dios proveerá. Lo hará. Seguimos esforzándonos. Seguimos teniendo necesidades y deseos, pero finalmente, toda buena dádiva viene de arriba. ¿No lo crees? Pregúntale a Andrea. Ella y su esposo vivían una vida sencilla. Su casa no era grande. Su auto necesitaba con frecuencia reparación. Pero ella alababa a Dios con diligencia por cada bendición. Cada vez que llegaba un cheque inesperado, cada vez que uno de los aparatos duraba más de lo que ella esperaba, le alababa. En lugar de anhelar más y más, zanjó el problema en su corazón y expresó gratitud por lo que tenía justo delante de ella. Como resultado, el Señor le dio más. El esposo de Andrea recibió una oferta de trabajo y acabaron mudándose a una nueva casa en otra ciudad. Una casa más grande. No es que a ella le importara realmente. Ella había estado perfectamente contenta en la vieja casa.

¿Puedes identificarte con su historia, o te estás afanando continuamente por tener más? Por qué no te detienes hoy y le das gracias a Dios por atender tus necesidades. Si Él elige bendecirte por encima y más allá de lo que necesitas, ¡entonces alábale una y otra vez!

Deléitate en Él

Deléitate en el Señor, y él te concederá los deseos de tu corazón.

SALMO 37:4 NVI

¿No te encanta la palabra *deleite*? Evoca imágenes de carcajadas, risas y una gran época completa. Deleitarse significa «complacerse enormemente». ¿Cuándo fue la última vez que te complaciste tanto con la forma en que se desenvolvían las cosas que te encontraste despreocupada y risueña? Aquí tienes un pensamiento divertido: Dios se siente de ese modo... ¡contigo! ¡Eso es! Cuando piensa en ti, se complace enormemente.

Muy bien, de modo que lo más probable es que te estés preguntando por qué está tan emocionado contigo. ¡Eres su hija! Y es evidente que cometes errores, pero ¿acaso no lo hacen todos los niños? Esto no hace que dejemos de amarlos, ¿verdad? Nuestros pequeños siguen dibujando sonrisas en nuestros rostros, aun cuando estén portándose mal.

Del mismo modo en que Dios se deleita en nosotras, deberíamos deleitarnos en Él. La única forma en que podemos conseguir esto es manteniéndonos cerca de Él, satisfaciéndonos con su presencia, con su Palabra. Cuando nos comunicamos con Él, nuestro «grado de amistad» es más íntimo. Cuando estás intimando con el Señor, te emocionas con las cosas que a Él le emocionan. Cuando Él bendice a un buen amigo con un trabajo, tú lo celebras. Cuando toca a un miembro de la familia y lo sana de su enfermedad, te alegras. En resumen, te entusiasmas con todas las buenas cosas que Él hace. E incluso cuando estás pasando una mala racha, sigues confiando en que Él está buscando tu bienestar.

Piensa en tu relación con tus hijos (o nietos, o sobrinas, o sobrinos). ¿Cómo y por qué hacen que te deleites? Francamente, no necesitan hacer algo, ¿no es cierto? No se trata de una actuación. Pero cuando ellos cantan canciones tontas o bailan alrededor de la sala para entretenerte, tu corazón quiere estallar de orgullo. ¿Por qué? Porque ellos se sienten sumamente felices de estar contigo. ¡Eso es! Se están deleitando en tu presencia, y tú respondes con puro placer por ver los esfuerzos que han hecho para bendecirte.

Kendra comprendía esto. Sus dos hijas seguían haciendo de las suyas, sobre todo durante los años de preescolar. Ella ordenaba el salón, ellas sacaban todos los juguetes. Ella hacía la colada, ellas jugaban en la suciedad. Después de todo, eran niñas. Justo en el momento en que se sentía agotada y extenuada, una o las dos entonaban una canción tonta de su película favorita. En un instante, todo el estrés se iba flotando con esa preciosa melodía. Se olvidaba de sus problemas y saboreaba el gozo de estar simplemente con ellas.

Del mismo modo, bendecimos el corazón de Dios al permanecer cerca de Él. En respuesta, somos bendecidas con su presencia. Amamos... y somos amadas a cambio. ¡Qué perfecta receta para deleitarse!

....

....

....

....

....

....

....

....

....

....

....

....

....

....

....

....

....

....

....

....

Eres perfectamente imperfecta

. . . .

Es cierto que todos cometemos muchos errores. Pues,
si pudiéramos dominar la lengua, seríamos perfectos,
capaces de controlarnos en todo sentido.

SANTIAGO 3:2 NTV

¿Recuerdas la película *Mary Poppins*? Mary se autodescribía como «prácticamente perfecta en todo». Al parecer, algunas personas tienen más autoestima que otros. Por supuesto, Mary no era realmente perfecta. Ni siquiera se acercaba a ello. Nadie lo es. La mayoría de nosotras no somos como Mary. En realidad nos hipercentramos en nuestros defectos. No nos estamos jactando de nuestro nivel de perfección. De hecho, nos resulta difícil ver nuestros puntos buenos, por lo mucho que estamos enfocadas en lo malo. Quizá esto solo sea parte de ser mujer, pero es algo a lo que necesitamos llegar a enfrentarnos. ¿Por qué? Porque nuestras supuestas imperfecciones nos hacen dudar en muchos ámbitos. Dudamos de acercarnos a los demás, preocupadas por lo que ellos pensarán de nosotras. Incluso dudamos de aproximarnos a Dios, temiendo que nos aparte por no estar a la altura. ¡Oh, si pudiéramos conseguir romper estos sentimientos de inseguridad e insuficiencia!

Hoy, en lugar de preocuparte por las cosas que consideras malas en ti (los kilos de más, la arrugas, las incapacidades, los errores que has cometido), ¿por qué no le das las gracias a Dios por tus imperfecciones? Si fueras perfecta, no le necesitarías. Tus hermosas imperfecciones le ofrecen la oportunidad de brillar. Cuando te sientes fea, Él levanta la hermosura interior, y añade un brillo a tus ojos que te hace maravillosa ante los demás. Cuando luchas contra tu insuficiencia, Él toma el relevo. Cuando te caes, Él está ahí para sacudirte el polvo y ponerte de nuevo en pie.

Solo hay Uno que ha logrado la perfección, y ese es tu Creador. Él sabe que tienes defectos. No se impresiona por tus imperfecciones. Pero tampoco quiere que las enumeres. ¿Por qué? Porque has sido creada a su imagen. ¿Puedes imaginar si uno de tus hijos siguiera y siguiera diciendo lo defectuoso que se siente? Te rompería el corazón. Del mismo modo que un padre consuela a su hija y susurra: «¡Eres pura perfección para mí!», nuestro Padre celestial se inclina y nos susurra al oído: «¡Eres más que suficiente para mí! Deja de preocuparte por no ser digna. Deja de preocuparte por tener que probarte ante mí. Relájate. Sé tú misma. Yo me ocuparé del resto. De hecho, ya lo he hecho... en el Calvario».

¡Vaya! Si viéramos nuestras imperfecciones a través de la lente de la cruz, lo cambiaría todo. Ya no nos sentiríamos como si tuviéramos que probar algo. En cambio, podríamos limitarnos a vivir nuestras vidas, libres para amar al Señor y para recibir su amor en respuesta.

Mujer de propósito, ¡mira más allá de tus imperfecciones! Entrégaselas a Dios. No pasará mucho tiempo antes de que celebres tus imperfecciones perfectamente perfectas.

....

....

....

....

....

....

....

....

....

....

....

....

....

....

....

....

....

....

....

Estás motivada por el gozo

*Les he dicho esto para que tengan mi alegría
y así su alegría sea completa.*

JUAN 15:11 NVI

¿Has conocido alguna vez a una de esas mujeres que irradian gozo? ¿Su burbujeante personalidad se cuela en cada ámbito de la vida? Quizás seas tú esa mujer. Quizás las personas se acerquen a ti por tu positividad y tu giro optimista de las cosas.

Es tan divertido estar junto a las mujeres gozosas. No se concentran en los problemas, se regocijan en las soluciones, incluso antes de que estas se presenten. Hablan por fe, viven por fe, y toman decisiones por fe. Por eso son libres de experimentar tanto gozo, porque no han depositado su confianza en ellas mismas. Han resuelto la cuestión «esto está en las manos de Dios».

Algunas personas piensan que pueden «intentar con más fuerza» ser felices, pero esta es la verdad: no puedes producir gozo. No existe una fórmula mágica ni una receta para una vida de gozo. En realidad, solo hay una cosa que puedas hacer para dejar de aferrarte a las cosas que no estaban destinadas a que tú las controlaras y entregárselas a Dios. Una vez que lo dejas ir, ¡eres libre! Estás contenta. No te afanas por nada más. En su lugar, estás floreciendo. En un sentido, es como perder mucho peso... de golpe. Hay algo en ser un peso ligero que produce gran gozo.

Por supuesto, no todas las mujeres (ni siquiera las cristianas) han descubierto el gozo. Considera a Missy, por ejemplo. Ella tenía tendencia a ver el vaso medio vacío, no medio lleno. En efecto, tenía una relación con el Señor. Asistía a la iglesia cada domingo, y hasta enseñaba en la escuela dominical en la sección de los niños. Pero, por mucho que lo intentaba, no parecía poder mantener una actitud o una disposición positiva. Cuando alguien le preguntaba: «¿Cómo estás, Missy?», ella respondía con una larga lista de cosas que le habían salido mal aquella semana. Continuaba sin parar, y describía cada cosa negativa con todo lujo de detalle. En resumen, era deprimente. Verdaderamente deprimente.

En realidad, nadie se acercó a Missy para indicarle que les incomodaba su negatividad, sino que uno a uno dejaron de entablar conversación con ella. Se percató de que las pocas personas que aún conectaban con ella, siempre parecían cambiar de tema cuando ella intentaba describir sus tribulaciones. No tardó en caer en la cuenta. Una buena amiga la retó al desafío de «Mantente positiva durante treinta días», y ella captó la indirecta. En breve, su actitud se volvió poco a poco más optimista. Como resultado de su cambio de actitud, el gozo llenó su corazón. Missy cambió, desde dentro hacia fuera. No, su situación no cambió, pero aprendió a experimentar el gozo, incluso en medio de los dramas y traumas de la vida diaria.

No tienes por qué tener una vida perfecta para sentirte llena de gozo, amiga mía. Lo único que necesitas es un cambio de perspectiva.

Te encuentras en una curva de aprendizaje

Le pido a Dios que el amor de ustedes desborde cada vez
más y que sigan creciendo en conocimiento y entendimiento.

FILIPENSES 1:9 NTV

¡Algunas personas son tan sabelotodo! No les puedes decir nada sin oír las palabras: «Bueno, en realidad...», seguidas de una larga historia sobre cómo ellos pueden hacerlo mejor, de una forma más grande, más inteligente, etc. No puedes enseñarles nada. Es una lástima, porque nadie lo sabe todo en realidad. Es probable que hasta la persona más educada que conozcas tenga días en los que no sabe lo que hacer. Afrontémoslo... todas nos hallamos en una curva de aprendizaje, no importa cuántos años de experiencia o formación tengamos en nuestro haber.

A Dios no le interesa ver a sus hijas, ni siquiera a las que tienen una vida llena de propósito, dando la impresión de ser unas engreídas sabelotodo. Es mejor admitir que aún estás en una curva de aprendizaje. Esto requiere humildad, por supuesto, pero humillarte siempre resulta más atractivo ante quienes te están observando. Y, ¿sabes? Hay gente observándote. Están esperando que esas chicas de la clase «Soy tan perfecta» tropiecen. ¡Y claro que tropiezan! Razón de más por la que no deberías presentar una imagen infalible. Cuando te caigas, todo el mundo se dará cuenta.

Aquí tienes un ejemplo: A lo mejor te han puesto a cargo de un gran proyecto en el trabajo, porque has dejado claro que eres buena. El jefe está convencido de que eres buena y te sitúa por encima de un equipo de compañeros. Las cosas van bien... al principio. Entonces, en algún momento del camino, te estrellas contra la pared y no sabes qué hacer. El equipo se pone nervioso pero, más que eso, comienzan a hablar a tus espaldas. ¿Por qué? Porque eras demasiado confiada y ellos han estado esperando todo este tiempo para verte tropezar. Es, sencillamente, la naturaleza humana.

¿Qué haces en una situación como esta? Es hora de volverte a Dios y admitir que no tienes todas las repuestas. No eres una supermujer. Sigues en la curva de aprendizaje. ¡Y adivina una cosa! Le has entregado tu corazón a Aquel que tiene todas las respuestas a tus preguntas. Es el profesor supremo, totalmente equipado con respuestas de lo alto. En algún momento del camino, también es necesario que te humilles ante tus compañeros y presentes una disculpa. Hazles saber que no eres perfecta. Ni siquiera estás cerca de ello. Cuando te sinceres con ellos, es más probable que te presten un apoyo verdadero/sincero, y te ayuden a realizar el trabajo en un ambiente agradable.

Estar en una curva de aprendizaje no es algo de qué avergonzarse. Al fin y al cabo, toda la vida es una experiencia de «enseñanza». De modo que, ¡abróchense los cinturones, estudiantes! ¡Podríamos entrar en algunas turbulencias!

Regocíjate en la tribulación

*Alégrense en la esperanza, muestren paciencia en
el sufrimiento, perseveren en la oración.*

ROMANOS 12:12 NVI

¿Alguna vez has analizado la palabra *tribulación*? A primera vista parece una palabra despreocupada. Cuatro sílabas que salen de la boca con facilidad. Tristemente, la tribulación no es fácil. No es algo que «sale» sin más. Es una época de pruebas que a veces continúa y continúa. Todas pasamos por períodos de tribulación, pero saber cómo salir del otro lado con una sonrisa en nuestra cara… eso no es tan fácil. Aun así, es posible.

Constance sabía cómo era experimentar la tribulación. Parecía que ella siempre andaba atravesándola, un episodio tras otro. A menudo se preguntaba si alguna vez tendría una vida normal o si los días se reducirían siempre al caos. Cuando se casó de nuevo, su marido perdió su trabajo. Luego, durante su embarazo de su tercera hija, Constance enfermó tanto que tuvo que ser hospitalizada. El bebé nació bajo circunstancias de emergencia. Todo esto costó un dinero que no tenían. Su hija nació con problemas médicos, y Constance pasó años yendo y viniendo a médicos, pediatras y especialistas. Su hija creció y se convirtió en una joven mujer, pero tuvo muchos problemas de salud durante el camino. Esto también impactó en la capacidad de su hija de asistir a la escuela, así que Constance terminó educándola en casa, algo que nunca soñó hacer.

Cabría pensar que toda esta tribulación desgastó a Constance, que pasaría sus días dudando de Dios y quejándose por su situación. ¡Fue exactamente lo contrario! Los amigos tomaban nota de su positiva disposición, incluso en medio de las pruebas. En medio de la gran aflicción y sufrimiento, su persistencia, su paciencia, su positividad y su optimismo respecto a todo sirvió como el más asombroso testimonio de la gracia de Dios.

Sus amigos y sus seres queridos aprendieron mucho observándola en una época tan problemática. Ella también aprendió mucho, cosas como la forma de salir de un fuego sin que su cabello oliera demasiado a chamusquina.

Divertido. Cuando alabas mientras atraviesas la tormenta, apenas recuerdas que estás pasando por ella.

A lo mejor te encuentras ahora mismo en medio de una tormenta. Tal vez la tribulación se lleve lo mejor de ti. No te apetece regocijarte. Si quieres salir de ella ilesa, aquí tienes el mejor consejo de todos: No caigas en la tentación de permitir que tu disposición se amargue. En su lugar, eleva esa voz en alabanza. Al hacerlo cambiarás tu perspectiva y tu alma fluirá de gozo, de un gozo indescriptible. Y quizá, solo quizá, tu reacción optimista ante los retos de la vida servirá de testimonio para los demás. Será un testimonio asombroso.

Tu vida es una historia extraordinaria

· ·

Que lo digan los redimidos del Señor, a quienes
redimió del poder del adversario.

SALMO 107:2 NVI

¿Alguna vez has deseado poder escribir un libro o hacer una película? Si pudieras, ¿qué tipo de historia diseñarías? ¿El héroe y la heroína se conocerían de una forma inesperada? ¿Se enamorarían? ¿Habría acción y aventura? Es muy divertido leer historias (y verlas en la televisión o en las películas), pero la mayor historia, la más asombrosa de todas es la que Dios está escribiendo justo ahora, la historia de tu vida. La trama tiene giros asombrosos, está llena de altibajos en los momentos adecuados. Y, ¡hablando de personajes! Dios ha llenado tu historia de personajes principales y personajes secundarios, que se aseguran de pasar las páginas. Claro que no sabes lo que va a pasar en el siguiente capítulo, ¡pero eso forma parte de la diversión! Dios, el Autor de tu historia, es el mejor escritor de todos.

Aubrey no estaba tan segura de poder confiar en Dios con su historia. De hecho, lo pasó muy mal para soltar del todo las riendas. Algunas personas la calificarían de maniática del control. Aubrey simplemente contestaba que le gustaban las cosas a su manera. Desde que era una niña pequeña, Aubrey tenía un plan para su vida. Sabía lo que quería ser cuando creciera (arquitecta, como su padre). Sabía en qué universidad quería estudiar. En su historia, nada resultó como ella quería. Después de que su padre falleciera, su madre no tenía dinero para enviarla a la universidad, así que, en su lugar, asistió a un colegio local. Recibió la instrucción básica, pero nunca fue capaz de pasar de allí a una universidad, de modo que la carrera de arquitectura no fue más que un capricho fugaz. En algún momento aceptó un trabajo en una centralita EMS local. Desde ese momento, se apoderó de ella el deseo extraño y poco familiar de convertirse en paramédico. No podía creerlo. ¿Acaso no había querido ser siempre arquitecta?

Y, sin embargo... la persistente sensación de que debía convertirse en paramédico no la abandonaba. Así que se formó para ello, y acabó trabajando en una ambulancia. El trabajo hizo que se sintiera realizada, y se preguntó una y otra vez cómo o por qué había querido alguna vez dedicarse a otra cosa.

Aubrey aprendió por las malas que dejar ir las cosas —aunque difícil— era la única forma de superar de verdad sus propias carencias/deseos y llegar donde Dios quería que estuviera. Su historia estuvo llena de giros y cambios (y jamás habría imaginado siquiera el argumento, cuando era joven), pero al final tuvo que admitir que Dios era mucho mejor escritor que ella.

El Señor tiene un plan maravilloso para tu cuento de hadas, uno que se remonta a la obra que hizo Jesús en la cruz. Mujer de propósito, sabes por tanto que puedes confiar en Él. Tu historia acabará bien.

....

....

....

....

....

....

....

....

....

....

....

....

....

....

....

....

....

....

....

Puedes acabar bien

Sin embargo, considero que mi vida carece de valor para
mí mismo, con tal de que termine mi carrera y lleve a cabo
el servicio que me ha encomendado el Señor Jesús, que es
el de dar testimonio del evangelio de la gracia de Dios.

HECHOS 20:24 NVI

¿Has empezado alguna vez una dieta, y la has dejado pocos días o semanas después? ¿Te has apuntado al gimnasio y has ido fielmente... durante un mes o dos? ¿Alguna vez te has mentalizado para mantener tu casa organizada, y poco después te has encontrado en un estado de caos? Si es así, ¡únete a la multitud! Las mujeres, incluso las que tienen un sentido de propósito, suelen ser grandes iniciadoras, pero rematadoras mediocres.

Tomemos como ejemplo a Ángela. Se le daba fenomenal empezar cosas. Durante años, emprendió cientos de proyectos de álbumes de recortes. Empezó nuevos trabajos. Comenzó a pintar las habitaciones de su casa. Abordó nuevas aficiones, como hacer colchas. Incluso comenzó un libro, convencida de que quería ser escritora. El problema era que Ángela nunca parecía terminar nada. No podía llegar muy lejos con sus proyectos o (en última instancia) con sus relaciones. Por alguna razón, siempre abandonaba antes de llegar a la línea de meta.

¿Eres una gran iniciadora? ¿Te lanzas de cabeza, cargada de energía? ¿Qué pasa después? ¿Decae tu emoción? ¿Las cosas van desapareciendo? Si eres como Ángela, hay una frase que quizás querrías escribir y mantenerla en el espejo de tu cuarto de baño: «Quiero ser una buena rematadora».

La vida es una carrera. Comenzamos con el estallido de la pistola y arrancando la puerta. Sin embargo, tarde o temprano nos cansamos con toda seguridad. Nos distraemos. Ese es el tramo más crítico de la carrera, porque determina si continuaremos o no. Al fin y al cabo, lo importante no es cómo empecemos. Es cómo terminemos. Y no acabaremos en absoluto si abandonamos demasiado pronto. Cierto, no siempre llegaremos a nuestro objetivo de peso, pero podemos seguir, incluso cuando sea duro. Sobre todo cuando es difícil. Y es verdad, no siempre tendremos una casa organizada, pero eso no debería detenernos en nuestro intento constante de mantener las cosas ordenadas y limpias.

¿Qué partes de tu vida están más desequilibradas? Pídele al Señor que te dé un plan, uno que puedas mantener durante los años venideros. A continuación, da el primer paso de una forma lenta y cuidadosa. No intentes hacerlo todo de una vez. Los pasos pequeños siguen siendo pasos. El progreso es progreso. Es más probable que termines bien si comienzas lenta y estratégicamente. Recuérdalo: no es cómo empiezas... sino cómo acabas. Y tú, mujer de propósito, puedes acabar muy, pero que muy bien si no tiras la toalla.

Eres una mujer de gracia

*Pero a cada uno de nosotros se nos ha dado gracia en
la medida en que Cristo ha repartido los dones.*

EFESIOS 4:7 NVI

Las mujeres son criaturas divertidas. Oyen una palabra y piensan en otra. Por ejemplo, muchas oyen la palabra *gracia* y piensan que significa «elegante». No hacen caso de ella y comentan: «Bueno, esa no soy yo». Curiosamente, la gracia no tiene nada que ver con nuestra capacidad de movernos de forma elegante; desde luego no es algo físico. Se trata de nuestra capacidad de vivir nuestra vida de una forma llena de gracia y de misericordia.

A lo mejor has visto la palabra *gracia* desglosada de esta forma, en inglés G.R.A.C.E. [por sus siglas significa God's Riches at Christ's Expense (Las riquezas de Dios a expensas de Cristo)]. Ser llena de gracia significa que hemos aceptado el regalo gratuito del Señor, y sin coste alguno para nosotras. Somos bendecidas, incluso cuando no lo merecemos.

Imagina que te han hecho un enorme regalo en dinero, un millón de dólares. No has hecho nada para merecerlo. En realidad ni siquiera conoces a tu benefactor, aunque quieres llegar a conocerle una vez que te ha dado el regalo. Te sientes abrumada por la extrema generosidad y bondad de este extraño, y tienes la necesidad de devolvérselo de algún modo. Lo único que él desea —según afirma— es que pases por su casa de vez en cuando para tomar una taza de café y charlar. Con eso lo complaces. Estás más que feliz de pasar tiempo con aquel que se preocupó lo suficiente por bendecirte.

Entender la gracia de Dios es algo por el estilo. No podemos comprender por qué el Dios del universo elegiría inclinarse y ofrecernos su favor inmerecido, con los defectos que tenemos. Y, sin embargo, lo hizo. Ofreció gratuitamente todo lo que tenía para que pudiéramos entrar en una relación con Él, y para que también pudiéramos tener todo lo que necesitamos en esta vida, no solo para sobrevivir, sino también para prosperar.

Las riquezas de Dios a expensas de Cristo. ¡Tan maravillosa bendición con la que hemos sido colmadas! Sin embargo, alguien tuvo que pagar el precio. Jesús, el unigénito Hijo de Dios, entregó su vida en el Calvario para que pudiéramos tenerlo todo. Pero no termina ahí. Esa misma gracia fluye de nosotros hacia las personas con las que pasamos tiempo. Del mismo modo que Dios concedió gratuitamente, es necesario que nosotras también concedamos de forma gratuita. ¿Cómo se lleva esto a cabo? Cuando alguien cometa un error de tráfico que te incomoda, extiende gracia. Cuando alguien en el trabajo pierda los nervios, dale gracia a cambio. Estás dispuesta a extender gracia por haberla recibido con suma abundancia.

¡Oh, la gracia! Es verdaderamente asombrosa, ¿no es así? Una mujer de propósito sabe reconocerlo y está agradecida por ello.

Tu luz brilla resplandeciente

· ·

*Hagan brillar su luz delante de todos, para que ellos puedan ver
las buenas obras de ustedes y alaben al Padre que está en el cielo.*

MATEO 5:16 NVI

Imagina que estás en un barco en medio de la noche. El mar está oscuro.
Los cielos están negros. El mar está en calma y en silencio. Confías en las
habilidades de navegación del capitán, pero algo respecto al proceso parece
un poco extraño. Ver lo que hay en la siguiente curva te dejaría más tranquila,
¿verdad? Arrastrarte por las aguas tenebrosas en la oscuridad es realmente
aterrador. Ahora, imagina que hubiera un faro a unos pocos kilómetros de
distancia. Su luz, como baliza en la noche, destella ofreciendo esperanza.
Consuelo.

Piensa en las muchas personas que conoces y que están a la deriva en el
mar (espiritualmente hablando), envueltos por la oscuridad. Están perdidos en
la tenebrosa negrura de la noche. Entonces, de repente, te ven (un faro). Eres
una baliza que ofrece esperanza, gozo, paz. Irradias la luz resplandeciente de
Dios, y les ofreces una oportunidad para ver más allá de sus circunstancias,
a través de la tenebrosa oscuridad y un futuro de esperanza. La luz es algo
asombroso. Con una sola luz que brille, la esperanza florece.

Leigh no estaba segura de poder ser una luz en la oscuridad, porque
tropezaba bastante a menudo. Cuando era adolescente, rebotaba de aquí
para allá entre lo bueno y lo malo. La mitad del tiempo era la chica dulce de
la iglesia, activa en el grupo de jóvenes. La otra mitad, quedaba atrapada
en la fiesta en la escuela, y hacía algunas cosas de las que se lamentaba. Por
mucho que quería dejar brillar su luz mientras estaba con sus amigas de la
escuela, parecía ser insuficiente

No fue hasta que Leigh se graduó de la escuela cuando se tomó en
serio su relación con el Señor. A esas alturas ya era demasiado tarde para
deshacer el daño que había causado con anterioridad, pero al menos llegó
a un punto en el que se preocupaba por su testimonio. Antes de que pasara
mucho tiempo, se convirtió en una verdadera luz en la oscuridad, que acercó
a la gente al Señor. Sin embargo, antes de que eso pudiera ocurrir, tuvo que

perdonarse por las muchas veces que había dejado que su luz se apagara. ¡Oh, cuánto deseaba poder volver atrás en el tiempo y deshacer algunas cosas no tan buenas!

¿Qué me dices de ti? ¿Está brillando tu pequeña luz para que otros puedan llegar a conocer al Señor? Pasa hoy algún tiempo en oración, y pídele al Señor que te muestre cómo puedes irradiar mejor su brillante luz para que los demás se acerquen a Él. Mujer de propósito, ¿a qué estás esperando? ¡Deja que brille esa pequeña luz!

Eres una transformadora del mundo

. . . .

*Confía plenamente en el Señor y no te fíes de tu inteligencia. Cuenta
con él en todos tus caminos y él dirigirá tus senderos.*
PROVERBIOS 3:5-6 BLP

Cuando era joven, Heather soñaba con cambiar el mundo. Fue a su primer viaje misionero a la edad de dieciocho años, y estaba entusiasmada (aunque aterrada) de trabajar con un equipo que introducían Biblias de contrabando en la (entonces comunista) Unión Soviética. ¡Para que hablen del miedo! Ella arriesgó su vida para extender el evangelio y el sentido de gratificación que conlleva tal aventura la hacía sentir satisfecha. Cada día estaba lleno de un sentimiento abrumador de marcar una diferencia en las vidas de las personas con las que mantenía contacto. ¡Hablando de sentirse gratificada!

Avanzamos unos cuantos años. Heather se casó y en tres años tuvo dos hijos. Se encontró en una clase de vida completamente diferente. Pañales. Biberones. Pediatras. Platos sucios en el fregadero. La ropa sucia apilada en la cesta. Bebés que lloraban a altas horas de la noche. Atrás quedaron los días taquicárdicos de aventura, reemplazados por una vida nueva que (francamente) a veces parecía rutinaria. Adoraba a su familia, pero a veces se preguntaba si alguna vez volvería al trabajo de alcanzar a otros para Cristo. ¿Habrían quedado esos días ya en el pasado?

A lo mejor puedes identificarte con la historia de Heather. Quizás soñaras alguna vez con marcar la diferencia en el mundo, y te encuentres en el momento de «¿Ha acabado ya mi tiempo?». Aquí tienes la verdad: La «aventura» de Heather con su esposo y sus hijos era tan magnífica ante los ojos de Dios como sus aterradoras escapadas introduciendo Biblias de contrabando de forma clandestina. Tal vez mucho más. Porque al criar a sus hijos tenía la oportunidad de transformar sus vidas a diario. De hablar con ellos por el camino. De derramarse en sus vidas como nadie más podría.

Échale un vistazo al versículo de hoy. Si de verdad estamos confiando en Dios con todo nuestro corazón, si nos apoyamos en Él para cada decisión, entonces tenemos que creer que Él nos está dirigiendo en cada momento concreto. Está despejando el camino. Es cierto que ese camino podría parecer diferente a lo que habíamos imaginado, pero si es su camino, es el camino correcto. No existe un lugar más seguro (ni más efectivo) que hallarse en el centro de la voluntad perfecta del Señor.

A veces no tenemos que mirar más allá de nuestra propia ventana para encontrar el lugar en el que Dios quiere que estemos. Y la «diferencia» que marcamos en las vidas de nuestros hijos, de nuestros vecinos, amigos y compañeros de trabajo, puede ser sustancial. Es evidente que muchas personas son llamadas por todo el mundo para predicar el evangelio, y que quizás tú eres una de ellas. Pero mientras estás esperando, si es que estás esperando, no desprecies las pequeñas cosas. O, más bien, no desprecies las cosas que parecen pequeñas. De hecho, son bastante grandes.

Tus relaciones pueden ser saludables

El perfume y el incienso alegran el corazón, y el dulce consejo de un amigo es mejor que la confianza propia.

PROVERBIOS 27:9 NTV

Brianna amaba a sus amigos y haría cualquier cosa por ellos. Todos sabían que podían contar con ella. Algunos contaban con ella más que otros, hasta el punto de aprovecharse de ella. Una amiga, en particular, invadió la buena naturaleza y el tiempo de Brianna. Tina tenía muchos problemas. Económicos. Emocionales. Relacionales. Se apoyó en Brianna para que la ayudase, y acabó pidiéndole un préstamo. Luego necesitó un lugar para quedarse. Acordó ayudarla a compartir los gastos de suministros, pero nunca vino con el dinero. Brianna la dejó quedarse... demasiado tiempo. Cuando por fin habló con ella, Tina se enfadó, pasó página y se aprovechó de otra amiga sensible.

Tal vez seas como Brianna. Amas a tus amigos y harías cualquier cosa por ellos. Has seguido al pie de la letra el versículo «da tu vida por tus amigos». A veces este enfoque te ha desgastado y se han aprovechado de ti. ¡Ten cuidado! Tu excesiva generosidad podría conducirte perfectamente a una relación insana, y no tardarías en descubrir que esa a la que llamas «amiga» te ha consumido. ¡Algunas amistades que parecen saludables pueden cambiar en un instante, y convertirse en pesadillas codependientes!

Dios quiere que seamos buenas amigas, pero no le gusta que la gente se aproveche de nosotras. A veces, la mejor clase de amiga es la que dice la verdad (con amor) a la otra persona, incluso cuando es difícil. En especial cuando es difícil. Si estás involucrada con alguien que te está agotando, este podría ser el momento de hablar, ¡antes de que las cosas sean aún más difíciles!

Mujer de propósito, tal vez sea el momento de analizar tus amistades. Podría ser necesario que hicieras una lista con los nombres de todas tus amigas y conocidas más cercanas. Divídela en dos columnas, y haz un examen sincero. Echa un vistazo y comprueba quién te está animando y quién te está secando. Las relaciones de Dios están basadas en el amor y en la verdad, pero también en las enseñanzas de Jesús. Él no vaciaba a sus amigos. Él los animaba, los amaba, les enseñaba, los fortalecía. Acude al Señor con tu lista y pídele su opinión. Sé sincera con Él respecto a cómo te sientes. Él te mostrará a quién mantener en la lista y a quién apartar amablemente hacia un lado. ¿Sabes? A veces tenemos que hacerlo... prepararnos para sacar las relaciones que no son sanas.

Jesús amaba a los demás, pero amaba más al Padre. Cuando camines en una relación estrecha con tu Padre celestial, tendrás la perspicacia y la sabiduría necesaria para tomar las decisiones correctas. Así que, sé una amiga, pero mantén esas amistades en equilibrio.

Has dejado a un lado las quejas

Hagan todo sin quejarse y sin discutir.
FILIPENSES 2:14 NTV

La quejas. No lo hacemos queriendo. Pero ahí está... la queja. Una reclamación. Un comentario sarcástico. Se desliza como el pensamiento de un instante. Y con él llega un poquito de actitud, una ola de emoción y el sentimiento de que, a lo mejor, nadie en la tierra tiene cosas tan malas como las que tenemos nosotras.

¿Qué hay de malo en quejarse? Afecta a nuestros pensamientos, y nuestros pensamientos afectan a nuestro corazón, a nuestras relaciones, a nuestro potencial. Te preguntas ¿cómo afecta esto a nuestro potencial? Cuando estás lloriqueando por las cosas que ni siquiera han sucedido todavía, estamos hablando de forma negativa sobre ellas. Cualquier sentido de entusiasmo o aventura al respecto queda vencido por completo por las emociones negativas. Por tanto, en esencia, está eliminando nuestro «potencial» de que ocurra algo bueno y lo sustituya por un estado de ánimo de «vaso medio vacío».

Katrina no pretendía quejarse. De hecho, ni siquiera se había dado cuenta de que era eso lo que estaba haciendo. Pero día tras día criticaba los problemas. Si no le gustaba algo, lo decía aunque con ello hiriera sentimientos. Se quejaba del pelo desordenado de su hija, de la falta de voluntad de su esposo de dejar los calcetines sucios en la cesta, de la inclinación de su jefe por la lentitud. Hablaba sin parar, le encontraba faltas a miles de cosas, y siempre llamaba la atención sobre ellas. Como un disco rayado, soltaba las mismas viejas cosas, una y otra vez, rara vez señalaba lo positivo, y siempre se hipercentraba en lo negativo.

¿Eres como Katrina? ¿Te molestan las «pequeñas» cosas que otros hacen? ¿Sientes que tienes que comentar? Mujer de propósito, aquí tienes una idea. Entrégate a ti misma durante un espacio de tiempo, tal vez treinta días, en el que te mentalices para no quejarte. Pídele a un miembro de la familia o a una buena amiga que pidan cuentas. A lo mejor puede darte un tipo de palabra clave para detenerte. Y mientras estás en ello, ¿por qué no reemplazar las quejas con palabras de alabanza? En lugar de quejarte a ese miembro de la familia que parece no conseguir poner sus calcetines en la cesta de la ropa, ¿por qué no ofrecer una especie de incentivo? Propón un plan divertido. Haz que sea un juego.

Cuando dejas ir las quejas, es mucho más divertido estar junto a ti. ¿Y qué persona sale más beneficiada? ¡Tú, por supuesto! Las quejas nos tensan como cuerdas de piano, y ¿qué mujer necesita eso? Así que mentalízate para ver el vaso medio lleno y no medio vacío. ¡Te sorprenderás de cómo transforma este cambio de perspectiva las palabras que salen de tu boca!

Vas a ir a sitios

Imagina que estás a punto de hacer un largo viaje por carretera, atravesando múltiples estados. Seguramente te prepararías para el viaje, y te asegurarías de llenar el tanque de combustible del auto. Planearías con antelación el trayecto de cada día, y harías reservas en los hoteles a lo largo del camino. Podrías incluso planear detenerte en parques de atracciones o en tus restaurantes favoritos. Qué divertido saber que tienes ante ti el camino abierto, y tantas cosas por mirar y hacer durante el camino. ¡Hablando de aventuras! Y qué maravilloso es tenerlo todo cuidadosamente planeado. Te sientes segura teniendo un plan en marcha.

La vida es un viaje, algo muy parecido a un viaje por carretera. Hay muchas paradas emocionantes a lo largo del camino, unas planeadas y otras inesperadas. Y Dios tiene destinos concretos en mente. Por supuesto, el destino final es el cielo, ¡pero piensa en todos los lugares a los que Él quiere llevarte en esta vida! ¡Qué aventura!

Por supuesto, nuestros planes no siempre resultan como pensamos. Considera el viaje de Bárbara, por ejemplo. Era una amante de la vida. Había planeado el viaje de su vida de la misma manera que lo había hecho con la familia. Cada detalle estaba escrito en una hoja de cálculo. ¡Para que hablen de detalles! Bárbara sabía lo que pasaría... y cuándo. Entonces, después de veinte años de matrimonio, su esposo fue diagnosticado de cáncer de próstata. Todo cambió de un día para otro. Ya no podía poner nada en una hoja de cálculo. Ya no podía planificar sus días. Todo se convirtió en un gran borrón. Se preguntaba si las cosas volverían alguna vez a la normalidad. Su esposo experimentó un tratamiento y, finalmente, se recuperó, pero la tendencia de Bárbara para escribir las cosas menguó un poco. ¿Por qué intentar controlarlo todo cuando, para empezar, no le competía a ella hacerlo?

Tal vez seas un poco como Bárbara. Eres una planificadora. Tu viaje ha tenido sus altibajos, sus pormenores, y te encuentras en una bifurcación en la carretera. Quizás te preguntas qué camino tomar. O, peor... tal vez piensas que no tienes opciones. Mujer de propósito, ¡ten ánimo! Tu viaje no ha terminado. Tienes una carretera reluciente por delante. Sin duda ya has viajado a grandes lugares (espiritual y relacionalmente, etc...) en tu vida, pero son muchos los caminos frente a ti. ¡Las aventuras te esperan! Tal vez no puedas planear lo que viene después, pero ahí es donde entra la fe. ¿Qué diversión habría si siempre tuviéramos las riendas? Permite que Dios tome el control, y a continuación observa cómo te conduce a caminos inesperados, llenos de lecciones de vida y preciosas bendiciones.

Disfruta de la quietud

· ·

*Estad quietos, y conoced que yo soy Dios; seré exaltado
entre las naciones; enaltecido seré en la tierra.*

SALMO 46:10 RVR1960

El silencio. ¡Hay tan poco de esto en la sociedad de hoy! Las televisiones vociferan, las radios nos hacen llevar el ritmo con los pies, los niños se gritan unos a otros. Suenan las bocinas, los neumáticos chirrían, los vehículos de construcción te vuelven loca con su ruido. Todo alrededor de nuestra vida son zumbidos, zumbidos, zumbidos... y, a menudo, a un nivel frenético. Rara vez tenemos la oportunidad de sentarnos en silencio absoluto y reflexionar sobre las cosas profundas de la vida.

Jenny comprendía esto. Decidió tomarse el tan necesitado fin de semana en un centro de retiro con sus amigas. ¡Alejarse del bullicio funcionó de maravilla! Una vez allí, encontró tiempo para caminar por los senderos en los bosques, y pasó mucho tiempo en absoluta paz y silencio. Le llevó un tiempo adaptarse, pero finalmente se asentó y disfrutó de estar alejada del caos.

Patricia halló otra forma de celebrar el silencio. Asistió a un centro de retiro dirigido por monjas en el que se esperaba que los participantes/invitados observaran un estado de silencio total durante su tiempo allí. Le resultó difícil (¿y a qué mujer no?), pero la experiencia completa acabó siendo muy terapéutica y purificadora. Solo en el silencio podría oír realmente la voz de Dios. Solo en el silencio podía tratar con las emociones y los pensamientos contra los que había estado luchando.

A veces, es verdaderamente necesario que nos retiremos. No es malo alejarse. Hasta Jesús lo hizo, cuando se apartó al Jardín de Getsemaní la noche que fue traicionado. En aquel lugar tranquilo derramó su corazón ante el Padre, y recibió el consuelo que necesitaba para el espantoso viaje que tenía por delante. Podemos aprender de este ejemplo. Alejarnos, aunque solo sea por unas pocas horas o días, puede marcar toda la diferencia porque te da la oportunidad de comunicarte realmente con Dios de una forma más íntima.

Si pudieras irte a un lugar tranquilo durante uno o dos días, ¿a dónde irías? ¿Te acercarías al Señor en el silencio? Tal vez sea hora de elaborar un plan de acción. Escoge un lugar. Si puedes alejarte de verdad, entonces tómate una o dos horas para caminar por los senderos de tu vecindario o por un parque cercano. Estar fuera, en la naturaleza, es de mucha ayuda porque estás rodeada de la belleza de la creación, que siempre te hace más consciente de la presencia de Dios.

Comoquiera que sea que te «alejes», hazlo con esta motivación: Dios quiere hablarte en el silencio. Y lo hará, ¿sabes? Así que mantén abiertos tus oídos. Más allá del piar de los pájaros y del canto de los grillos, podrías oír un pequeño susurro del cielo.

....

....

....

....

....

....

....

....

....

....

....

....

....

....

....

....

....

....

....

....

En Cristo te sientes realizada

. . . .

Pero los que obedecen la palabra de Dios demuestran verdaderamente cuánto lo aman. Así es como sabemos que vivimos en él.

1 JUAN 2:5 NTV

¿Conoces esa sensación que tienes después de una maravillosa cena? Te sientes satisfecha. Llena. Feliz, contenta. No abres la puerta de la despensa preguntándote qué más podrías comer. Has tenido lo que querías y estás saciada. ¡De hecho, te ha producido tal satisfacción que te preguntas si puedes levantarte del sofá durante el resto de la noche!

Ese mismo sentido de satisfacción y realización puede ser tuyo cada día cuando caminas con Cristo. No tienes por qué tener hambre y sed de otras cosas. Sin distracciones. Nada más parece atractivo salvo tu relación con Dios. ¿Para qué tocar ese tema? No quieres probar nada más, porque ya sabes que seguirás sintiéndote vacía.

Natalie comprendía la palabra *vacío*. Se sintió así mientras crecía. Fue una niña cuya madre trabajaba, y ella llegaba a casa, a un hogar vacío cada día. Su madre entraría corriendo después de un largo día y le lanzaría algo de comida rápida; después se iba a toda prisa a su ordenador para concluir cualquier trabajo que no hubiera terminado en la oficina. Sin padre ni hermanos que le aportaran consuelo, Natalie se sentía bastante vacía y sola.

Cuando llegó a la adolescencia, fue en busca de algo que llenara su vacío. ¿Relaciones con chicos? Tuvo muchas. Pasar de una a otra la convenció de que la respuesta no se encontraba ahí, pero no le importaba probar de nuevo. Y de nuevo. Y de nuevo. Hasta que Natalie no fue a la universidad las cosas no comenzaron a cambiar. La invitaron a un estudio bíblico y decidió probar. Esa decisión lo cambió todo. Una vez allí, se integró en el grupo, recibió el amor que necesitaba por parte de los demás del grupo y, finalmente, entregó su corazón al Señor. El vacío ya no fue un problema una vez que su corazón se llenó de la paz de Dios y del amor de sus amigos.

Piensa en un momento de tu vida en el que te sintieras vacía. No es un sentimiento muy agradable, ¿verdad? Es más peligroso que conducir tu auto con el depósito vacío, pero muy parecido en muchos sentidos. Cuando te quedas sin combustible, el auto se queda en el garaje, inservible. Cuando alcanzas el punto de vacío en tu vida espiritual, te sientas en un lugar tranquilo, solitario, y te preguntas si tienes algún propósito. ¡Lo tienes, dulce hermana! Estás cargada de propósito, y Dios quiere que sientas la satisfacción que te dirige y te motiva. No busques otras cosas para llenar el hueco. Vuélvete a Él y pídele hoy que te «llene» de nuevo. Luego, observa cómo te satisface desde adentro hacia afuera.

Eres un reflejo de Cristo

El Hijo es el resplandor de la gloria de Dios, la fiel imagen de lo que él es, y el que sostiene todas las cosas con su palabra poderosa. Después de llevar a cabo la purificación de los pecados, se sentó a la derecha de la Majestad en las alturas.

HEBREOS 1:3 NVI

¡Oh, el temido espejo! La mayoría de las mujeres tienen una relación de amor/odio con él. En un día bueno, el espejo te sirve de amigo y de animador. En un mal día (o durante una mala racha), es el peor enemigo del mundo. En él, vemos las cosas que desearíamos no tener que ver, los defectos, las imperfecciones. Cuando cerramos nuestros ojos, podemos imaginarnos de una forma diferente, pero en el espejo nos enfrentamos a la evidencia, la innegable verdad, y no siempre es lo que esperábamos.

Bridget aprendió esto de una forma dura. Durante sus años de juventud era la imagen de la perfección. Una figura perfecta. Un bello rostro. Hermosos rasgos. Lo tenía todo a su favor. Cuando cumplió los veinte años fue golpeada por un dolor físico inesperado y una variedad de síntomas inusuales, incluida una erupción en el rostro. A principios de la treintena, le diagnosticaron una enfermedad autoinmune (lupus) que afectó a sus articulaciones y a su salud en general. La imagen en el espejo comenzó a cambiar de forma gradual, a medida que su cuerpo sucumbía a la enfermedad. Aunque su belleza física seguía estando ahí, parecía oscurecer al menos desde el punto de vista de Bridget. Y esto se complicó aún más cuando el doctor le recetó esteroides a diario, los cuales provocaban hinchazón en su rostro. ¿Volvería a ser normal de nuevo, o su reflejo en el espejo la seguiría persiguiendo para siempre?

Le llevó algún tiempo (y la ayuda de sus amigas queridas y los miembros de su familia), pero Bridget acabó haciéndole frente al espejo. Aprendió que su «reflejo» no era lo que ella veía en el espejo. En su lugar, era el reflejo de Jesucristo, quien la adoraba y quería lo mejor para ella. En lugar de enfocarse en lo que no podía cambiar de su exterior, se puso a trabajar en los cambios internos, los cambios del corazón. Antes de que transcurriera mucho tiempo, estaba en paz por dentro y por fuera. Y eso, por supuesto, se manifestaba en el reflejo del espejo. Al fin y al cabo, hay mucho que decir sobre un rostro en paz y contento. Puede hacer adorable hasta la cara más inexpresiva.

Tal vez no estés contenta hoy con la imagen en el espejo. Recuerda, eres un reflejo de tu Padre celestial, que quiere que dejes su imprimación en tu corazón, no necesariamente en tu cara. Esto es algo sobre lo que meditar cuando te eches un último vistazo en el espejo antes de ir por tu día.

Tu fuerza procede de Él

*El Señor, mi Dios, es mi fuerza; da a mis pies agilidad
de gacela y me hace caminar por las alturas.*

HABACUC 3:19 BLP

¿Recuerdas esos viejos dibujos animados *Popeye el Marinerito*? Popeye era débil hasta que comía sus espinacas. Entonces... *¡bum!* ¡Músculos! ¡Fortaleza interna! ¡Capacidades externas! Vaya. ¡Hablando de la solución perfecta! Y todo parecía tan fácil.

Todos necesitamos un bote de espinacas de vez en cuando, ¿no es así? incluso las mujeres de propósito, fuertes, mujeres de Dios con fervor y celo, pueden explotar cuando las cosas se descontrolan. La vida puede quitarnos la fuerza, sobre todo si estamos llevando una carga pesada o atendiendo a las necesidades de los demás. Las circunstancias y las situaciones pueden desenchufarnos literalmente, y filtrar nuestra energía. Nos sentimos secas. Vacías, débiles. Nuestros músculos espirituales se encogen. Es entonces cuando tenemos que recordar a Popeye. Él no realizaba por sí mismo las hazañas instantáneas de tremenda fuerza muscular. Dependía de su fuente, de su lata de espinacas. Y sí, era así de fácil. Unos cuantos bocados, y.. *¡bum!* Toda su perspectiva cambiaba.

Tú también dependes de tu fuente, solo que no se encuentra en una lata de espinacas. Tu fuente es tu Creador. Él te da todo lo que necesitas para cambiar la situación que te rodea. ¿Te sientes débil? Recurre a su Palabra y observa mientras Él produce un cambio instantáneo de perspectiva. ¿Te sientes como si no pudieras seguir adelante? Ora, y contempla cómo te impregnas de fuerza de lo alto. ¿Sientes que estás abarcando demasiado? Echa esa pesada carga en su camino y observa mientras Él carga con ella en tu lugar, y te alivia del estrés y de la presión. Dios es bueno, y sus misericordias continúan... para siempre. Él desea que estés sana y fuerte, no solo porque tienes trabajo que hacer, sino porque te adora y quiere lo mejor para ti.

Piensa en tu tiempo diario en la Palabra como en ir al gimnasio. No siempre es fácil al principio, pero después de un tiempo tus músculos crecen, crecen y crecen. Comienzas con poco y te vas volviendo más fuerte con el tiempo hasta que acabas logrando levantar más peso del que pensaste que sería posible.

Cuando eres débil, Él es fuerte. Y esa fuerza es lo único que necesitas. Toma tu debilidad (piensa en los músculos atrofiados) y «los hace crecer» hasta convertirlos en algo capaz de levantar lo pesado. De modo que no hace falta lata alguna de espinacas, mujer de propósito. Solo necesitas acercarte a tu Padre celestial. Extiende tus manos hacia Él. Alcanza su Palabra. A continuación, observa cómo te llena de su fuerza sobrenatural, garantizada para que llegues hasta el final.

....

....

....

....

....

....

....

....

....

....

....

....

....

....

....

....

....

....

....

....

....

Eres más fuerte que la tentación

Ustedes no han sufrido ninguna tentación que no sea común al género humano. Pero Dios es fiel, y no permitirá que ustedes sean tentados más allá de lo que puedan aguantar. Más bien, cuando llegue la tentación, él les dará también una salida a fin de que puedan resistir.

1 CORINTIOS 10:13 NVI

Tentación. ¡Uf! ¡Cómo la odiamos! Estamos entusiasmadas, haciendo lo que es bueno, resistimos, resistimos, resistimos, y entonces... ¡bum! La tentación golpea. La vemos con nuestros ojos y la queremos. Estamos seguras de que no sucumbiremos, pero entonces nos rendimos. Después de la tentación llega el inevitable momento del lamento, cuando nos flagelamos, y nos comprometemos a no volver a descontrolarnos.

Alice comprendía bien esto. Tenía que perder quince kilos, y se puso a dieta estricta. Nada de azúcar. Nada de lácteos. Nada de pan. Sí, esto parecía un poco extremo, pero esta vez —esta vez—, aguantaría hasta el final. Perdería el peso.

Alice mantenía los ojos cerrados cuando los demás comían cosas a su alrededor que ella ansiaba en secreto. *Nop*. No desistiría. Entonces, una situación en el trabajo salió mal. Le echaron la culpa a Alice sin razón. Estaba muy herida. Camino a casa desde la oficina, condujo hasta un restaurante de comida rápida y pidió un gran paquete de patatas fritas. Y un cono de helado. Las cosas que intentaba evitar fueron las primeras a las que recurrió para consolarse. Tiempo después, se sentía físicamente (y emocionalmente) enferma. También se sentía realmente estúpida. ¿Cómo pudo haber hecho lo que prometió que no haría? ¿Acaso no veía las consecuencias?

Tal vez te hayas visto alguna vez en la misma situación que Alice. Te has dicho a ti misma: «No haré eso» o «No comeré eso», pero has cedido. ¡Después de un tiempo te sientes tan derrotada! Mujer de propósito, ¡no permitas que esto te deprima durante mucho tiempo! Esta es la verdad: las tenciones vienen y van. Siempre nos rondarán, y nos instarán a hacer las cosas equivocadas. Pero el versículo de hoy nos asegura que ninguna tentación (ningún trozo de pastel de chocolate, ninguna relación, ningún truco financiero) nos superará si permitimos que Dios tome el control. Cierto es que la tentación tiene su atractivo, pero nunca supera aquello que podamos soportar. El Señor proveerá una salida si se lo pedimos.

Así que ¡pídele! Si te estás enfrentando a una tentación ahora mismo, aparta tus ojos de ella. Repite estas palabras: «Toma una mejor decisión». Con la ayuda de Dios, puedes y podrás. Y cuando cometas errores (y seguramente los cometerás) no te castigues. Simplemente sacúdete el polvo, límpiate el azúcar de los labios, y regresa a la rutina. Dios se encontrará allí contigo.

....

....

....

....

....

....

....

....

....

....

....

....

....

....

....

....

....

....

....

....

Puedes perfeccionar nuevas habilidades

. . . .

Oirá el sabio, y aumentará el saber, y el entendido adquirirá consejo.
PROVERBIOS 1:5 RVR1960

Cuando somos jóvenes, estamos llenas de un sentido de propósito y aventura. No tenemos miedo de las cosas nuevas, en especial de las nuevas habilidades. ¿Audiciones para una obra local? ¡Por qué no! ¿Decorar tartas? ¡Claro, lo probaremos! ¿Preparar nuestra propia comida de bebé? ¡Por supuesto! Estas son habilidades divertidas que podemos dominar. Y ¿a quién le importa si no lo hacemos bien? Es divertido probar, ¿no es así?

Sin embargo, cuando cumplimos años, a menudo dejamos a un lado esos deseos, reacias a probar cosas nuevas. Nos apegamos a nuestras costumbres y dejamos que la gente joven (o incluso otras mujeres de nuestra edad) prueben cosas nuevas. Observamos cómo una amiga escoge una nueva afición, y nos maravillamos cuando una compañera de trabajo muestra fotos de su última colcha o de su último mantón de ganchillo, pero no estamos realmente interesadas en adquirir nuevas habilidades.

¡Esto es una lástima! Dios nos dio unas imaginaciones increíbles y las destinó a ser utilizadas, no solo en nuestra juventud, sino durante toda nuestra vida. Hay tantos sueños sin explorar, tantas cosas que podríamos estar haciendo.

Margaret comprendía esto mejor que nadie. Cuando era joven, tenía sentido de la aventura. Siempre estaba preparada para probar cosas nuevas, y adquirió muchas habilidades artísticas. Pero, al envejecer, dejó que esos sueños disminuyeran. Hasta que fue a casa de su amiga y vio una hermosa pintura en la pared. Echó un vistazo a aquella escena al aire libre, y quedó enganchada. Los colores. Los finos trazos del pincel. Los matices. Le encantaba. Y todo esto hizo que deseara agarrar un pincel.

No lo hizo, por supuesto. ¿Qué diría su esposo? ¿Y sus hijos? Así que garabateó y trazó pequeños diseños en secreto hasta que ya no pudo aguantarse más. Una visita a una tienda de manualidades encendió su corazón. Compró los artículos necesarios, los llevó a casa y estuvo ocupada pintando. Desde luego, su esposo se sorprendió, pero le gustó la idea. Y aún le agradó más cuando la gente comenzó a mostrar interés. Y a sus hijos les encantó, tanto que comenzaron a pedir obras de arte para sus casas. Después de un periodo de tiempo, Margaret recopiló una buena colección. Lo mejor de todo era el proceso de pintar, que le proporcionó bastante tiempo con el Señor. Podía orar y pintar al mismo tiempo.

¿Qué habilidad has deseado perfeccionar en secreto, pero te ha dado miedo intentarlo? ¿La cocina francesa? ¿Hacer ganchillo? ¿Arreglos florales? ¿Por qué no apuntarte a una clase? O visiona algunos videos online, y luego lo intentas. ¿Te interesa cantar? Toma algunas lecciones de voz o únete a un coro para seguir desarrollando tus habilidades. Lo que quiero decir es que no es demasiado tarde. Dios puede tomar tus deseos y ponerles alas. Puedes perfeccionar nuevas habilidades y acercarte a tu Padre celestial durante el proceso.

Tienes trabajo por hacer

El perezoso ambiciona, y nada consigue; el
diligente ve cumplidos sus deseos.

PROVERBIOS 13:4 NVI

Holgazanear. Andar en pijama. Disfrutar de una vieja película. Comer chocolate. Todas estas son cosas divertidas y relajantes que se pueden hacer. Pero algunas mujeres tienen un problema para salir de su modo «relajado», y volver a su estado mental de «hacer que la pelota ruede de nuevo». Afrontémoslo: es fácil aletargarse. Pero algunas personas dejan que la palabra *perezoso* gobierne su día. Tal vez hayas oído la vieja expresión sobre cómo un cuerpo en movimiento tiende a estar en movimiento, y un cuerpo en reposo tiende a estar en reposo. Cuando has estado quieta y en silencio, resulta difícil retomar el dinamismo.

Doris lo entendió. Durante meses se dejó la piel trabajando horas extras. Trabajó a contrarreloj. Cumplió un plazo tras otro. Finalmente. Por fin se acercó el momento de las vacaciones. Tenía unas cuantas semanas para descansar y disfrutar de sí misma. Se puso su pijama y no quiso volver a quitárselo más. Por supuesto, ella sabía que se acercaba el inevitable día. Tenía que volver al ruedo de nuevo. Pero holgazanear era mucho más divertido. Mordisquear dulces. Ver películas. Descansar en el sofá. ¿Y para qué hacer las tareas de la casa y lavar los platos mientras estaba de descanso sabático? Eso podía esperar.

Y esperó, hasta que su esposo se hartó. Aunque él reconocía su necesidad de descansar no le gustaba que la casa estuviera patas arriba cuando él llegaba a casa del trabajo. Pero se remangó y puso las cosas en orden sin pronunciar palabra. No era necesario decir nada. Ella captó el mensaje, y volvió al trabajo. Al principio sus movimientos eran lentos. Su cuerpo parecía negarse a colaborar. Finalmente, recuperó su impulso. Justo en a tiempo para volver al trabajo. Figúrate.

Tal vez seas como Doris. Te encantan esas temporadas de descanso y desearías que no tuvieran que acabar. Dios nos enseña en su Palabra a tomar un descanso de Sabbat. De hecho, instituyó el Sabbat por nuestro bien. Pero esto no significa que sea eterno. Recuerda sencillamente que una «temporada» es solo eso: una temporada. La intención no es «tirarse en el sofá sin ducharse durante tres días». Así que disfruta de tu tiempo de inactividad, pero comprende que Dios te esté preparando posiblemente para el camino que tienes por delante, el trabajo que te espera. Él tiene grandes cosas planeadas para ti, y quiere que estés en la mejor forma posible para que disfrutes de todas ellas.

No va a resultar fácil, pero lo puedes hacer. Ponte en pie. Estírate. Da un paseo por la casa. Luego, sin prisas pero sin pausa, vuelve al trabajo, mujer de propósito. Puedes hacerlo.

....

....

....

....

....

....

....

....

....

....

....

....

....

....

....

....

....

....

Eres comprada con un precio

*Fueron comprados por un precio. Por tanto,
honren con su cuerpo a Dios.*

1 Corintios 6:20 NVI

Imagina que vas a un museo de bellas artes y ves una pintura de valor. Está a punto de ser subastada y la puja de salida es de cincuenta mil dólares. ¡Vaya! ¡Es una verdadera obra de arte! Su valor es muy superior a lo que podrías imaginar a primera vista. Conforme se disipa la muchedumbre, la miras más de cerca. ¡Hmm! Cuando contemplas la supuesta obra inestimable, lo único que ves es una pintura normal. Incluso un poco extraña. Abstracta. Rara. No puedes descubrir por qué tiene tanto valor. Desde luego no es algo que colgarías en la pared de tu salón, ¡ni aunque te pagaran por ello!

Lo que le da su valor a la pintura es el artista. Su nombre está impreso en ella. Una pintura corriente cuesta de repente una fortuna si lleva estampado el nombre de Van Gogh. Rembrandt. Renoir. El nombre mismo le añade valor, sin importar el «aspecto» de la pintura. El envoltorio es irrelevante. El nombre lo significa todo.

Lo mismo se puede decir de ti, una obra de arte inestimable. El nombre de Dios está grabado en tu corazón. Llevas su nombre, su «sello», si tú lo deseas. Solo eso te da un valor incalculable. De hecho, te hace inestimable. Nadie podría pujar lo bastante alto como para comprarte, porque no podrían pagar el precio. Solo el Señor podría hacerlo, ¡y ya lo ha hecho!

Piensa en ello por un momento. Fuiste comprada por un precio, y eres más valiosa que los rubíes o los diamantes, más preciosa que cualquier joya singular, y más cara que cualquier pintura, independientemente de lo famoso que pudiera ser el pintor/creador. Este Gran Maestro se tomó el tiempo de elaborarte tal como eres, una belleza singular.

¡Qué asombroso pensar que el Creador supremo te entretejió en el vientre de tu madre! ¡Qué obra de arte! Él ya pagó el precio por ti cuando envió a su Hijo al Calvario. Valías tanto para Jesús que entregó su propia vida por ti. Ya es raro que alguien pague un precio enorme (piensa de nuevo en esa obra de arte) por algo que le encanta... pero es casi imposible que alguien (en este caso, Dios mismo) pague el precio con su sangre. ¡Cuánto valor tienes para Él! Tal vez los demás no lo vean, ¡pero Él sí! Y nunca olvida que eres su diseño personal, creada a su imagen.

Mujer de propósito, ¿cómo te ves hoy a ti misma? Eres más valiosa que cualquier Van Gogh. Tenlo en mente la próxima vez que te eches un vistazo en el espejo.

Eres radiante

. . . .

¡Levántate y resplandece, que tu luz ha llegado! ¡La gloria del Señor brilla sobre ti!

ISAÍAS 60:1 NVI

¿Alguna vez has visto esas hermosas pinturas que datan de la era del Renacimiento? A Jesús se le retrata siempre con un aura celestial alrededor de su cabeza. En realidad, muchos de los santos y/o apóstoles se representaron del mismo modo. El «aura celestial» representaba la presencia radiante de Dios. Estos eran los «apartados», los que fueron enviados a la tierra para marcar la diferencia. ¡Y la marcaron! Si alguna vez te has preguntado qué personas eran más santas, busca sencillamente el brillo celestial.

Si piensas en ello, ¡tú también tienes ese mismo brillo celestial! No se ve necesariamente en las fotos, pero atrae a la gente hacia ti del mismo modo. La Biblia afirma que eres un reflejo de Cristo, y Él es el más radiante de todos. Resplandeces y brillas para que todo el mundo lo vea.

Es cierto que hay días en los que sientes que alguien está tomando un borrador gigante y está eliminando ese brillo, pero incluso en los peores días sigues siendo radiante. Permite que tu luz brille, y eso marcará una diferencia en las vidas de aquellos que te rodean.

Solo una pequeña advertencia: mientras transcurre tu día, irradia su luz para que el mundo lo vea. En ocasiones, una luz que señala justo a los ojos de alguien puede resultar cegadora. Irritante. De modo que, cuando estés reflejando su hermoso brillo, asegúrate de hacerlo con amor, de una forma que no sea ofensiva ni dolorosa.

Deborah aprendió esta lección a la fuerza. Quería ser un buen testimonio para sus amigas, así que se planteó citar las Escrituras y leerlas cada vez que ellas se desviaban demasiado del camino marcado. Sus intenciones eran buenas, pero el resultado no. La gente comenzó a evitarla, llamándola fanática de Jesús o loca religiosa. En lugar de acercar a las personas a la luz, estas huían en la dirección contraria cada vez que la veían venir. ¿Por qué? Porque la consideraban sentenciosa y poco amable. Tal vez un acercamiento más amoroso hubiera sido mejor. Podría haber permitido que su pequeña luz brillara, pero manteniéndola apartada de sus ojos.

¿Y tú qué? ¿Brilla tu luz de una forma radiante o es tan solo una diminuta brizna que parpadea? ¿La estás utilizando con sabiduría? Pídele al Señor que te muestre la mejor forma posible para reflejar su luz, a fin de que puedas compartir su amor con los demás que estén en necesidad.

Cuidado con a quién escuchas

Así que tengan cuidado de cómo viven. No
vivan como necios sino como sabios.

EFESIOS 5:15 NTV

«¡Pequeños ojos, cuidado con lo que ven! ¡Pequeños oídos, cuidado con lo que oyen». Probablemente crecieras cantando esa cancioncilla. Las mujeres de propósito son excepcionalmente cautelosas respecto a lo que permiten que oigan sus oídos. ¿Por qué? Porque saben que sin duda las accionas irán detrás y, a veces, esas acciones pueden tener efectos negativos.

¿Cómo se lleva a cabo esto en el mundo real? A menudo, nos vemos envueltas en conversaciones en las que no tiene sentido alguno que tomemos parte. No tardaremos en creernos realmente lo que estamos oyendo. El sentido común nos indica que no es cierto, pero la emoción procedente de la voz de aquel que habla es convincente. De hecho, es tan persuasiva que a menudo nos impulsa a hacer lo que no deberíamos. A tomar decisiones indebidas.

Considera la historia de Julie, por ejemplo. Se vio en medio de una conversación sobre algún drama que supuestamente estaba sucediendo en su iglesia. Nada de eso le importaba, pero la atrajo la emoción de la historia. La persona que estaba contando la lamentable historia tenía una evidente inclinación en contra del pastor. Julie no tenía sentimiento negativo alguno hacia él... hasta que oyó esta historia, la cual creyó sin pedir siquiera una segunda opinión. Se preocupó y se enfureció por lo que había oído, y acabó convenciendo a su esposo de que lo más probable fuera que tuvieran que dejar esa iglesia y buscar una nueva iglesia local. Él se sorprendió, y respondió con una frase que realmente la molestó: «Oremos al respecto y démosle tiempo».

Resultó que la historia ni siquiera era verdad. Bueno, partes de ella sí, pero había sido rotundamente tergiversada a favor de otra persona y no del pastor. Julie se sintió estúpida por haberse dejado absorber con tanta facilidad. Desde ese momento en adelante, ella prestó una cuidadosa atención respecto a quién oía... y a quién no.

A veces, simplemente tenemos que aprender por la fuerza, ¿no es así? Tal vez estés atrapada en medio de algún drama inesperado ahora mismo. Quizá esté ocurriendo en el trabajo. O dentro de la familia. O en tu iglesia. Solo ten cuidado de a quién escuchas. Recuerda, toda historia tiene dos caras. Jesús no querría que juzgaras basándote en los rumores de otra persona. Acude al Señor, y pídele su opinión. Él es el único que importa de verdad. Su perspectiva es mucho más importante que cualquier cuchicheo que puedas oír. Y hagas lo que hagas, no tomes acción sin saber que lo que estás oyendo es realmente cierto. Sin inclinaciones. Sin distorsiones.

Echa otro vistazo al versículo de hoy. Ten cuidado de cómo vives. Sé sabia. Esto requiere meditación. Sin movimientos impulsivos. R-e-d-u-c-e la marcha y piensa antes de actuar, antes de hablar, antes de empeorar las cosas.

Pequeños oídos, cuidado con lo que oyen. Mujer de propósito, ahí tienes algo sobre lo que meditar.

Has aprendido a vivir una vida equilibrada

. . . .

*"Hombres de poca fe" les contestó, "¿por qué tienen tanto
miedo?". Entonces se levantó y reprendió a los vientos y
a las olas, y todo quedó completamente tranquilo.*

MATEO 8:26 NVI

Una mujer de propósito es una mujer de equilibrio. No se bambolea demasiado a derecha ni izquierda. Esto es cierto en su salud, en la vida de su familia, en su trabajo. Ha aprendido (a veces por las malas) que caminar por la barra de equilibrio es complicado, pero posible.

Amy experimentó un momento más duro que la mayoría de los que viven de forma equilibrada. Era como un péndulo que oscilaba de un lado a otro. A dieta un día, y al siguiente con desorden alimenticio. Un día organizaba su casa con ganas, y al siguiente lo dejaba todo por medio. Un día se comprometía en exceso en la iglesia, y al siguiente abandonaba todas las actividades. Pasó un tiempo complicado aprendiendo cómo encontrar un lugar saludable en el centro. Amy aprendió por fin una dura lección, y fue una que nunca olvidó: si no haces demasiadas cosas, no te cansarás demasiado. Si no adoptas una dieta extrema, podrías ser realmente capaz de vivir con ella. Y así sucesivamente. El problema era que ella disfrutaba con los extremos. Le producían emoción. Hasta que acabó estrellándose.

¿Eres como Amy? ¿Está tu vida llena de extremos? ¿Eres una fanática de las experiencias? Si es así, lo más probable es que tu péndulo esté oscilando de un lado al otro de una forma insana. Tal vez sea el momento de hacer un pequeño inventario. Echa un vistazo a tus actividades, tus elecciones, tus obligaciones diarias, y asegúrate de que todo está en equilibrio. Si estás teniendo que retroceder aquí para acomodar allí, no vendría mal un pequeño retoque. Si tienes que dejar de dormir para acabar tu trabajo, desde luego que es hora de priorizar.

¿Por qué las mujeres de propósito necesitan vivir vidas equilibradas? Es preciso permanecer sanas por un motivo. Las mujeres desequilibradas terminan con todo tipo de problemas, y los malos hábitos alimenticios ocuparán un lugar destacado de la lista. La falta de ejercicio. El estrés. Y así sucesivamente. Y una vez que tu salud se ve afectada, seguro que tus emociones le van a la zaga.

Así que no lo aprendas por las bravas. Descansa cuando necesites descansar. Juega cuando necesites jugar. Trabaja cuando necesites trabajar. Encuentra un «punto óptimo» con las tres cosas. Y, por encima de todo, pasa tiempo con el Señor. Búscalo cada día. Entra en su Palabra para tener su perspectiva en tus actividades. Tal vez haciéndolo, te hablará con respecto a tu asunto, y te proporcionará un firme sentido de dirección.

Equilibrio, dulce amiga. Es mucho más que caminar por una cuerda floja.

Puedes aprender a ser más amable

· ·

Por lo tanto, como escogidos de Dios, santos y amados, revístanse de
afecto entrañable y de bondad, humildad, amabilidad y paciencia.

COLOSENSES 3:12 NVI

A diferencia de otras características, como por ejemplo el gozo, la amabilidad es un comportamiento aprendido. Incluso si no te sale de forma natural, se puede desarrollar.

¿No lo crees? Piensa en los pobres niños que se crían en un hogar sin ningún tipo de amabilidad. Tal vez les gritaban un día sí y otro también. Nunca los alentaron, nunca presumieron de ellos, nunca les dieron palmaditas en la espalda. Y, sin embargo, de forma milagrosa, crecen y llegan a ser adultos amables y adorables. ¿Cómo ocurrió esto? Aprendieron la amabilidad de fuentes externas, tal vez un profesor o un entrenador de buen corazón. Quizá una maestra de escuela dominical o una vecina. Alguien intervino y marcó una enorme diferencia en la vida de aquellos niños, una diferencia que afectó a múltiples generaciones.

Somos llamadas a ser amables, y la gente está observando. Incluso podrían estar aprendiendo de nosotras. Por supuesto, el último maestro es Jesús mismo. Él miraba a los demás con suma amabilidad y compasión en su corazón. En su Palabra aprendemos cómo tratar a los demás. No siempre es fácil mostrar amabilidad, pero siempre es la mejor elección.

Toma la historia de Janetta por ejemplo. En el equipo de softball de su hijo había un chico que la enfadaba un poco. Era un chico rudo, de un hogar no tan fantástico (por lo que ella pudo saber). El chico tenía mucho carácter, y rara vez trataba bien a los demás. Aun así, Janetta se mentalizó para tratarlo con bondad. A los demás padres del equipo no les apetecía mucho llegar tan lejos con el chaval, pero Janetta nunca desistió. Pasaba tiempo de calidad con Él, se interesaba por su trabajo de la escuela, le ayudaba con sus deberes, e incluso logró que su esposo ayudara al chico con sus habilidades de lanzamiento. Antes de que pasara mucho tiempo, el muchacho se suavizó. Maravilla de maravillas... ¡se volvió más agradable! Los demás padres tomaron nota y respondieron. En breve, toda la dinámica del equipo fue diferente. Esta amabilidad se propagó, finalmente, sobre la familia del chico, y muchas vidas fueron transformadas, y todo por una mujer que decidió tomarse tiempo para hablar con amabilidad.

¿Hay alguien en tu vida como aquel muchacho de la historia de Janetta? Todas tenemos personas en nuestro círculo que son, digamos, difíciles. Es complicado estar alrededor de ellos. Nos cuesta ser amables con ellos. ¡Oh, pero merece tanto la pena! Tal vez no veas el fruto de tu amabilidad ahora mismo, pero habrá una recompensa tarde o temprano.

¿Cómo puedes mostrar tu amabilidad? Ten una disposición agradable. Muestra preocupación. Inicia actos fortuitos de amabilidad cuando la persona menos se lo espere. Ora y pídele al Señor su perspectiva. Lo más importante: aprende a amar a los que son odiosos. Merece la pena. *Ellos* merecen la pena. Después de todo, ellos también son hijos de Dios.

Tienes estilo

....

*Al contrario, debe ser hospitalario, amigo del
bien, sensato, justo, santo y disciplinado.*

TITO 1:8 NVI

Marci era una mujer con mucho estilo. Su pelo siempre tenía un aspecto fantástico. Sabía exactamente cómo elegir la ropa correcta, directamente con los accesorios perfectos. Incluso sus zapatos combinaban con sus trajes. Las amigas siempre comentaban lo bien que se veía. Este «estilo» se propagaba en su vida también. Era conocida por su amabilidad, y por tratar a las personas con gracia.

Si la gente quería investigar más, si hubieran mirado más allá de la ropa estilosa y del pelo perfecto, habrían visto a una mujer con unos veinticinco kilos de más. Y unos dientes no tan perfectos. Pero, no. Solo veían el estilo, la gracia y el amor. La veían a ella de verdad y, para ellos, siempre era maravillosa.

Todas nosotras tenemos un cierto estilo, ¿no es así? Tenemos una manera particular de hacer las cosas. Nuestro propio modo, método o «modus operandi». En cierto sentido, somos nuestra propia «marca» (piensa aquí en tu refresco o en tus patatas preferidas). La gente nos conoce a simple vista por nuestro estilo. Ya sea que seamos informales o elegantes, extravagantes o divertidas, todas tenemos un estilo. Y, como Marci, esto se propaga en tus actitudes y tus comportamientos.

Así que ¿cuál es tu estilo? Cuando la gente te mira, ¿qué piensa? Algunos pueden echar un vistazo y decir: «¡Vaya, parece divertida! ¡Me gustaría conocerla!». Otros piensan: *Vaya. Realmente debe tener dinero. Mira la chaqueta que lleva.* Para otros, la frase podría ser: *Vaya. No te acerques a esa. ¡Se ve horrible!* Esta «primera respuesta» podría parecer un poco crítica por su parte, pero afrontémoslo... todas prestamos atención al estilo del pelo de otra persona, lo reconozcamos o no.

¿Qué tiene que ver el estilo con nuestro caminar espiritual? Bastante, si lo piensas. No se espera que hagamos un pase de modelos, así que esa no es la cuestión. Pero estamos representando a Cristo; por tanto, no queremos aparecer en público hechas un desastre. Bueno, al menos no todo el tiempo.

Pero lo más importante es que queremos ser atractivas. Nuestro «estilo» no debería alejar a las personas. Debería acercarlas a nosotras. Cuando nuestra conducta es agradable, atractiva, todo tipo de personas nos encontrará accesibles. ¿Y acaso no se trata de eso?

Jesús también tenía su propio estilo. No era atractivo (según la Biblia), pero las personas acudían en tropel en su busca. Esto no tenía nada que ver con su ropa, desde luego. Todo estaba relacionado con su compasión y con su amor por los demás. Su «desfile de modelo» iba mucho más allá de lo físico, y servía de atractivo para que los demás se acercaran, se sentasen a sus pies y aprendieran. Para amar y ser amado.

Mujer de propósito, sigamos hoy el ejemplo de Cristo. Monta un desfile, y después observa cuando los demás se sientan atraídos hacia ti.

Eres una hija del Rey

. . . .

Toda gloriosa es la hija del rey en su morada;
de brocado de oro es su vestido.

SALMO 45:13 RVR1960

¡No te encanta el versículo de hoy? ¡Qué hermosa imagen de ti misma, la hija del Rey, adornada con vestidos de oro! ¡Exquisita! Y no está fuera de lugar que las chicas de Dios queramos ser princesas, vestirnos con trajes de fantasía, y vivir la vida de la realeza. Hemos interpretado ese papel desde que éramos pequeñitas. Piensa en ello. Todas las niñas desean vestirse de princesa. El vestido vaporoso. La corona. Las joyas. La vida en el castillo. Queremos saltar de una habitación a otra en la maravillosa casa de nuestro Padre, y saludar a nuestros invitados con ademán ostentoso. La mayoría de nosotras queremos complacer el corazón de nuestro Papi. Nada nos hace más felices que ver la sonrisa en el rostro del Rey cuando nos mira con adoración.

Por supuesto, a menudo crecemos y nos olvidamos por completo de nuestros deseos infantiles. Bailar sobre los pies del Rey, revolotear de habitación en habitación en el castillo... solo son recuerdos tontos. Atrás quedaron los días de vernos tan adorables. O con gracia. O elegantes. Los cuidados y los problemas de la vida se meten y abandonamos por completo nuestros pequeños sueños de niña. Pero Dios no ha olvidado. ¡Sigue siendo el Rey de reyes, y seguimos siendo sus hijas!

¿Has pensado en lo magnífico que es ser hija del Rey? ¡Perteneces a la nobleza! Y cómo nos adora Él, a sus niñas, a sus hijas. Considéralo a la luz de otro versículo, en Romanos 8:14-17, que nos indica que hemos sido adoptadas por Dios. El espíritu nos hace hijos (e hijas) del Dios Altísimo. Por esto clamamos: «Abba (Papi) Padre». Somos herederas. ¡Vaya! ¿Cómo se te queda el cuerpo? Herederas. Está previsto que heredemos todo lo que nuestro Padre tiene disponible para nosotras.

Hoy, en lugar de huir de la idea de que perteneces a la realeza, ¿por qué no pasar algún tiempo en la presencia del Rey? Corre a sus atrios. Siéntate a sus pies y pregúntale qué significa ser una hija del Rey. ¿Cómo puedes representarle mejor? ¿Cómo puedes servir al reino? ¿Cómo vive alguien de la realeza?

¡Oh, hija de Dios, eres preciosa a sus ojos! Más preciosa que todas las joyas en el reino. Así que, no huyas más de tu posición. Abrázala, y observa cómo el Rey te colma de su amor.

vencerás

No te dejes vencer por el mal; al contrario, vence el mal con el bien.
ROMANOS 12:21 NVI

Si alguna vez te has sentido desbordada por la vida, la palabra *vencer* debería proporcionarte esperanza. La Palabra de Dios promete que tú, mujer de propósito, eres una vencedora. Eres más que una superviviente... eres próspera.

Entonces, ¿qué significa vencer? Si desglosas la palabra, significa «pasar sobre» una situación, pasar de un lugar a otro. Piensa en las diversas dificultades y pruebas a las que te enfrentas. Son como muros gigantes. Debes ir de un lado a otro completamente opuesto. Vencer significa que «pasas por encima» de ese muro que divide las dos partes. Das el salto, para no volver atrás.

¿Cómo cruzas de un lado al otro? Es algo parecido a aquel juego al que solías jugar cuando eras niña: *Martín Pescador, Martín Pescador, ¿me dejarás pasar?* ¿Recuerdas cómo era? Ahí estabas, haciendo una barrera con tus compañeros de equipo. Entonces, en aquel momento, cuando pronunciaban tu nombre, todo el mundo te miraba para escaparse del grupo y escurrirse cruzando campo abierto hasta el lado contrario. Había algo en los gritos de los miembros de tu equipo que te alentaban a seguir y correr, correr, correr, pensando cómo atravesarías la barrera. Entonces, cuando la cruzabas, ¡victoria! Tanta energía, tanto empuje, ¡de una niña tan pequeña!

Lo mismo sucede en tu caminar de fe. El libro de Hebreos (capítulo 11) menciona una gran nube de testigos que están observándote mientras corres la carrera como creyente. Piensa en ellos como en tus amigos de *Martín Pescador*, de pie, tomados de la mano y animándote para que pases. Estos testigos están ahí para ti, preparados para enseñarte cómo vencer. Cuando necesites ánimo, lee estas historias: estudia a Moisés, quien guió a su pueblo a la Tierra Prometida. Lee sobre la vida de Noé, quien se enfrentó a su miedo e hizo lo que Dios le ordenó, aunque no tuviera sentido en aquel momento. Aprende de Ester, quien tomó partido por su pueblo, y salvó a una nación. ¿Todavía no estás convencida? Detente un momento en la historia de Jonás, quien aprendió por las malas. Imita al joven Timoteo, quien reconoció los regalos de Dios en su vida. Descubre el corazón de un vencedor en el joven David, quien se enfrentó al poderoso Goliat con tan solo una onda y unas pocas piedras.

Con la ayuda de estas personas reales puedes aprender cómo pasar de un lado del obstáculo al otro. ¡Verdaderamente eres una vencedora! No permitas que nadie te diga otra cosa.

....

....

....

....

....

....

....

....

....

....

....

....

....

....

....

....

....

....

....

....

....

....

....

....

Tienes un abogado

Si alguna vez te has visto en un tribunal, sabes la importancia de tener un representante, alguien que pueda argumentar tu caso o hablar a tu favor. La Biblia afirma que Dios es nuestro abogado... nuestro representante.

Aquí tienes unas cuantas palabras que definen lo que es un abogado: un defensor (alguien que desea estar ahí para ti). Un campeón (alguien que te ve como una ganadora, pase lo que pase). Un patrocinador (alguien que no te decepcionará; está de acuerdo contigo y se inclina a tu favor). Un partidario (alguien que defiende o apoya algo). Un portavoz (alguien que desea hablar a tu favor). Un cruzado (alguien que desea ir a la batalla en tu favor).

Jesús es todas estas cosas enumeradas arriba, y está personalmente interesado en actuar a tu favor. Ni siquiera tienes que pagarle, como harías con un buen abogado. Te representa... de forma gratuita. ¡Qué increíble bendición! Está defendiendo nuestro caso, no con palabras, sino con su propia vida. Cuando envió a su hijo, Jesús, a morir en la cruz, se ofreció en nuestro lugar. Asumió la pena por nuestros pecados. ¡Que hablan del intermediario supremo! No es que merezcamos semejante gracia, claro está. Pero la aceptamos con alegría.

Tal vez te estés preguntando por qué necesitas un abogado. Un mediador es esencial cuando somos incapaces de manejar las cosas por nuestra cuenta. Esto es particularmente cierto en lo que respecta a la salvación. No hay nada que pudiéramos hacer para ganar el camino al cielo, así que dependemos del sacrificio de Jesús. En cuanto a la vida diaria, siempre necesitamos confiar en Dios para que gestione las cosas que nosotras no podemos. Ya sea que se trate de trabajo, de una relación, o de un problema en la iglesia, el Señor quiere ser el centro de todo. Así que, si estás pasando por una situación que no puedes arreglar, ve directa a tu Abogado. Si estás enferma y no sabes cómo ponerte bien, ve directo a tu Abogado. Si estás con problemas en una relación y parece que las personas van a resultar heridas, pide a tu Abogado que tome el control.

Jesús no solo jugó el papel de mediador en la cruz, sino que sigue queriendo estar en medio de cada dificultad en la que te encuentres. No tengas miedo de llamarle. Él está preparado, con ganas, y total capacidad para ser tu Abogado.

....

....

....

....

....

....

....

....

....

....

....

....

....

....

....

....

....

....

....

....

Tus sueños pueden ser enormes

. . . .

*Y Jehová me respondió, y dijo: Escribe la visión, y
declárala en tablas, para que corra el que leyere en
ella. Aunque la visión tardará aún por un tiempo, mas
se apresura hacia el fin, y no mentirá; aunque tardare,
espéralo, porque sin duda vendrá, no tardará.*

HABACUC 2:2-3 RVR1960

Si alguna vez has estado en un restaurante de comida rápida, sabes que siempre parecen hacerte la misma pregunta cuando pides una hamburguesa, unas patatas y una bebida: «¿Quiere convertirlo en supergrande?». La mayoría de las veces respondemos con un sonoro «¡no!», sabiendo que las calorías de más se irán a nuestras caderas y muslos. Pero a veces, cuando la vida se nos presenta con esa misma pregunta, deberíamos responder con un fuerte: «¡Sí! ¡Sí, me gustaría convertirlo en supergrande!».

Esto es especialmente cierto en lo que respecta a nuestros sueños. A veces soñamos demasiado pequeño. Piensa en los discípulos después de que Jesús muriera y resucitara. ¿Piensas que ellos se imaginaron alguna vez el impacto que tendrían en el mundo? ¿Crees que se imaginaban viajando por todas partes, propagando el evangelio como el fuego? En algún momento, uno o más de ellos tuvieron que forjarse la visión de hacer algo superior a ellos mismos.

Eso es lo que nosotras también tenemos que hacer. ¿No crees? Pregúntale a Madison. Un día, en medio de un servicio de alabanza, tuvo lo que parecía una idea descabellada y extraña. Implicaba abrir un Centro de Embarazo en Crisis para mujeres. Habiendo pasado ella misma por un embarazo no planeado, sabía lo que las mujeres necesitaban, pero ¿cómo diantres lo haría? Aun así, se comprometió a orar por ello. Unos cuantos meses más tarde, se abrió un puesto de voluntarios en un centro local de embarazo. Ella lo tomó. Dos años más tarde, el director cambió y quedó libre su cargo. Madison se adaptó fácilmente al papel. De repente, el sueño que le había parecido tan enorme unos pocos años atrás, ¡era ahora totalmente factible!

Soñar a lo grande no significa necesariamente seguir nuestros propios sueños o ideas. ¡Si lo hiciéramos, pareceríamos gatos que persiguen su propio rabo! No, soñar a lo grande significa que oramos, le preguntamos al Señor por sus planes, y luego captamos la visión. Una vez comprendida esta, saltamos a bordo y corremos tras Él. Algunos de estos sueños podrían parecer demasiado grandes para ser realistas, pero es entonces cuando tenemos que confiar en Dios.

No necesitas un plan de negocio. Necesitas un plan de oración. No precisas que nadie maneje tu sueño, sino rendírselo al Señor. Una vez que se revele su voluntad, ¡prepárate para remangarte, mujer de propósito! Lo que te espera es mucho más grande —mucho más emocionante— que cualquier sueño que hayas tenido antes. Así que, prepárate. Cuando Dios está en ellos ¡los planes se salen de este mundo!

Eres hermosa

Vuestro atavío no sea el externo de peinados ostentosos, de adornos de oro o de vestidos lujosos, sino el interno, el del corazón, en el incorruptible ornato de un espíritu afable y apacible, que es de grande estima delante de Dios.

1 PEDRO 3:3-4 RVR1960

La mayoría de las mujeres tienen problemas para aceptar la idea de que son hermosas. Tenemos la tendencia de mirarnos en el espejo y ver cada defecto. Las arrugas. La piel flácida. Las manchas. Los kilos de más. Lo que no vemos es la belleza subyacente. En otras palabras, tenemos problemas con la perspectiva. No nos vemos de la forma en que Dios nos ve. Si pudiéramos, reconoceríamos la belleza verdadera.

¿Sigues sin sentirte hermosa? ¡Lo eres! La Biblia lo confirma. Somos la novia de Cristo, y estamos creadas a su imagen. Él es un Dios hermoso. Haz una búsqueda de versículos por la Biblia sobre la hermosura del Señor, y descubrirás cuán bello es. Es lógico pensar que somos maravillosas a sus ojos, pero a menudo no queremos admitirlo porque no nos sentimos de ese modo.

A menudo dependemos de cosas externas para «embellecer otras», porque no podemos ver nuestra belleza interna. No hay nada de malo en querer vernos bien por fuera, pero si nos saltamos las cosas internas, estamos perdiendo el tren. Por ejemplo, ¿cuál sería el objetivo de ponerse una sombra de ojos preciosa y, sin embargo, no prestar atención a las cosas por las que nuestros ojos se ven atraídos? ¿Cuál sería el objetivo de ponerse pintalabios y luego usar nuestra boca para decir cosas feas a/sobre alguien? ¿Cuál sería el objetivo de usar corrector para cubrir las manchas de nuestra piel, y después herir a los demás de forma deliberada con nuestras acciones?

Rebecca tuvo dificultades para entender esto. Trabajaba su aspecto externo... mucho. No es que lo necesitara. Ya poseía una belleza natural. Todo el mundo lo decía. Pero a veces, lo interior no se correspondía con lo exterior. Sus palabras eran rudas. Su actitud era fría. Se preguntaba por qué las personas huían cuando ella se acercaba. ¿Acaso no las atraía con su belleza? Evidentemente no. Le llevó un tiempo darse cuenta, pero por fin lo entendió y limpió su actitud para que lo interno se correspondiera con lo externo.

No hay nada que podamos hacer con el cuerpo externo para que los demás opinen que nuestra alma interior es hermosa. Solo nuestro amor, nuestra amabilidad, nuestra compasión sincera nos hará hermosas desde adentro hacia afuera. Y esas cosas (como todo lo bueno) provienen del Padre de lo alto.

sé una mujer de amor

. . . .

Y nosotros hemos llegado a saber y creer que Dios nos ama. Dios es
amor. El que permanece en amor, permanece en Dios, y Dios en él.

1 JUAN 4:16 NVI

Si alguien te preguntara: «Por cierto, ¿qué es el amor?», ¿cómo responderías? Podrías contestar que es algo que tiene que ver con los sentimientos o con las actitudes. Podrías decir que es una fuerte atracción o un afecto. Alguno diría que el amor es benevolencia, amabilidad, compasión. Preocuparse por el prójimo. Sin embargo, si miramos la Palabra de Dios, tenemos que reconocer que el amor, el amor de verdad, consiste en el sacrificio. Consiste en dar de ti a los demás.

¿Te consideras una mujer de amor? Si sigues a Jesucristo, si pasas tiempo en su Palabra, entonces, seguramente, el amor salga por cada uno de tus poros. Está bien, tal vez no siempre tengas ganas de expresarlo (sobre todo en los días malos), pero Dios se moverá a través de ti si se lo pides. Esto es posible, incluso cuando tus sentimientos se contradicen. De hecho, esa es una forma de saber con certeza que Dios está en movimiento, si Él ama a través de ti cuando tú no lo sientes.

El ejemplo supremo de amor verdadero es Jesucristo, el Hijo de Dios. Si tuvieras que realizar una búsqueda en la Biblia utilizando las palabras *Jesús* junto con *amor*, encontrarías centenares de versículos. ¡Qué maravilloso ejemplo tenemos en nuestro Salvador! Cada acto de servicio, cada vez que sanó a un enfermo o a un cojo, cada vez que alimentó a una multitud hambrienta, Jesús nos estaba enseñando cómo amar. Cada vez que calmó la tormenta y enseñó a sus discípulos cómo pescar, realmente estaba mostrando su amor por las personas por las que se preocupaba. Necesitamos aprender a preocuparnos tan profundamente, a sacrificarnos con tanta intensidad.

Haz hoy del amor tu principal objetivo. Si por casualidad tienes roces con personas que son difíciles de amar, pídele al Señor que te muestre cómo amarlas del modo en que Él te ama a ti. ¿Sabes una cosa? Él lo hará. Te proporcionará su visión para esa persona. Las verás a través de la «lente de Cristo», y podría sorprenderte lo que ves. Detrás de la amargura, de la expresión agria, de la dura fachada, hay un/a hijo/a del Rey que necesita que alguien dé un paso adelante y lo/la ame, incluso cuando no se lo merece.

¿Tienes en ti el amor por los antipáticos? Si es así, entonces no lo dudes. Pídele al Señor que te muestre cada día a una persona a la que puedas amar de una forma extraordinaria. Es posible que no resulte fácil, pero para una mujer de propósito es decididamente posible.

Tú marcas la diferencia

Dios no envió a su Hijo al mundo para condenar al
mundo, sino para salvarlo por medio de él.

JUAN 3:17 NVI

Mary observaba mientras un artista trabajaba en un nuevo cuadro. Durante los primeros minutos no podía entender sus elecciones de colores ni tampoco podía descubrir en qué dirección llevaba su proyecto. Entonces, cuando añadió una sola pizca de marrón en la parte superior del lienzo, se dio cuenta... estaba pintando la cara de un hombre. Después de eso, todo tenía sentido. Todo entró en perspectiva. A veces la vida es así. No podemos entender hacia dónde se dirigen las cosas. Nos preguntamos si el camino está avanzando.

Hay tantas personas en este mundo que se sienten estancadas. Parece que no pueden moverse de donde están, aquí y ahora. Las circunstancias de la vida las tienen congeladas en el lugar. Estas personas están a nuestro alrededor. La mujer de la tienda de comestibles. El niño en la bicicleta. El hombre con traje de negocios. Podrían tener una apariencia completamente normal por fuera, pero por dentro podrían sentirse desilusionados, como un cuadro sin color. Sus vidas no se han convertido en lo que esperaban. La desesperanza se ha instalado en ellos.

¿Qué tiene esto que ver con ser alguien que marca la diferencia? Todo. Puedes ser esa salpicadura de color que da sentido a un cuadro que no parece tenerlo. Puedes brindar una palabra de ánimo para liberarlas. Puedes ofrecer esperanza cuando se sienten desesperanzadas.

Aquí tienes un ejemplo: Mary tenía una amiga, una madre soltera con seis hijos. Vivían en la miseria más absoluta, y no sabían de dónde llegaría su comida al día siguiente. Mary intervino e involucró al banco de alimentos de su iglesia. La madre y los niños no tardaron en estar mucho mejor, y no me refiero solo a sus barrigas. Pronto se unieron a la iglesia, entregaron sus corazones al Señor, y se implicaron en varios ministerios. Una de las hijas pasó a servir en el grupo de adoración, y acabó dirigiendo la alabanza. Todo porque una persona se tomó el tiempo de compartir algo de comida con ellos. Esa pequeña salpicadura de color de Mary puso en el punto de mira el cuadro completo para la madre y los seis hijos.

Los que marcan la diferencia no buscan su propia felicidad. Se esfuerzan por ser útiles. Sienten una compasión genuina por los demás. Ponen en acción sus palabras y producen fruto en sus vidas. En lugar de preguntarse «¿cómo podría sacar mayor partido a este día», dicen: «Me pregunto cómo puedo hacer que este día sea mejor para alguien». A continuación, oran para que Dios ponga en su camino a aquellos que necesitan un toque especial.

¿A quién vas a tocar hoy? ¿Qué salpicaduras de color añadirás a la vida de un amigo (o de un extraño)? Ábrete a las posibilidades, y después observa cómo Dios abre una puerta para que marques la diferencia (posiblemente una diferencia que cambie la vida) cuando menos lo esperes.

Tienes que celebrar los planes de Dios

. . . .

*Pues yo sé los planes que tengo para ustedes —dice
el Señor—. Son planes para lo bueno y no para lo
malo, para darles un futuro y una esperanza.*
JEREMÍAS 29:11 NTV

¿Alguna vez te has dado cuenta de que los planes de Dios no siempre encajan con los tuyos? Somos muy buenas poniendo las cosas en marcha, y muchas de nosotras somos igual de buenas llevándolas a cabo, pero ¿qué ocurre cuando vamos por delante de Dios? ¿Has hecho eso alguna vez?

Misty lo hacía. Con frecuencia venía con tremendas ideas de las que le gustan a Dios. De hecho, eran muy espirituales. Algunas de ellas incluían impartir un estudio bíblico. Trabajar con los desamparados. Iniciar un ministerio para madres solteras. Abrir su casa para adolescentes en crisis. Trabajar en un refugio. Era una historia interminable, y todo en beneficio del reino de Dios. Las vidas cambiaron. Las personas fueron bendecidas.

Las cosas de Dios, ¿no es cierto? Solo que el tiempo no siempre era el correcto. Y su esposo no siempre estaba del todo de acuerdo. A veces ella hacía estas cosas, no porque hubiera orado al respecto y tuviera el sello de aprobación de Dios, sino porque a ella le «parecía» que era lo correcto.

Mujer de propósito, seamos claros. Probablemente seas tan trabajadora como Misty. ¿Has puesto alguna vez el carro delante de los bueyes? ¿Alguna vez te has salido de la carretera sin que Dios te lo indicara? Si es así, conoces ese sentimiento de *«iups!»* que puede venir con ello.

Sumergir las decisiones en la oración es clave, sobre todo cuando estás cargada de celo y de dinamismo. ¡Y cuando sientes la llamada de Dios en tu vida para marcar la diferencia en el mundo, tienes que ser más precavida aún! Es muy probable que saltes a bordo de cada proyecto, sencillamente porque ves su parte buena.

¡Y desde luego que la tiene! De hecho, hay tanto bueno en ello que otra persona podría obtener algún beneficio al dirigirlo. ¿Has pensado alguna vez en ello? Si das un paso atrás, alguien más podría tener una oportunidad de ser bendecido al tomar el proyecto. Es cierto, no tendrás la satisfacción de decir: «¡Yo hice eso!», pero ¿de verdad lo necesitas?

Oración. Decisiones lentas. Compañeras de responsabilidad. Todas ellas son cosas buenas para las mujeres de propósito. Nos mantienen equilibradas. Finalmente, estar en equilibrio nos libera para hacer las cosas que Dios nos ha llamado a hacer de verdad, las cosas en las que podemos destacar. Así que, tómate tu tiempo. No saltes de cabeza. Busca primero a Dios, después respira profundo... y espera. Sus planes para tu vida son perfectos. ¿Los tuyos? No tanto.

....

....

....

....

....

....

....

....

....

....

....

....

....

....

....

....

....

....

....

....

....

Tu hogar es un puerto seguro

. . . .

La mujer sabia edifica su casa; la necia, con sus manos la destruye
PROVERBIOS 14:1 NVI

Cuando piensas en la palabra *hogar*, ¿qué te viene a la mente? A parte de pensar en la casa o el apartamento en concreto en los que puedas vivir, la palabra evoca sentimientos de familia, de calidez, y de seguridad. Un refugio en la tormenta. Estás cómoda en tu hogar. Puedes soltarte el pelo, quitarte los zapatos, acurrucarte en el sofá con el perro a tu lado. Puedes compartir historias sobre el día y relajarte sin miedo a la crítica. El hogar es el lugar al que acuden las personas cuando están heridas, un lugar en el que las lágrimas se enjugan y los corazones rotos se reparan.

Como mujer de propósito, tienes la obligación de hacer de tu hogar un lugar de seguridad, no solo para ti, sino para tu familia y también para tus amigas. Esto significa que tienes que tener cuidado con lo que permites que entre en tu hogar. Deberías vigilar lo que se cuela por tu televisor e incluso la música que suena en tu hogar. Esto también podría significar que debes ser discernidora con respecto a *quién* entra en tu hogar. Piensa en ti misma como un guardia de pie en la puerta. Se requiere cierto nivel de discernimiento. ¿Por qué tienes que ser tan cuidadosa? Porque, como puerto seguro, tu hogar es un refugio. Un santuario si quieres. Si no tienes cuidado, le abres tu casa a las cosas —y a las personas— a las que no les importará esto tanto como a ti.

Candace aprendió por las malas. Permitió que su hija adolescente trajera amigas a la casa cuando ella estaba en el trabajo. Las cosas se torcieron, porque Candace no estaba allí para supervisar. Aunque todas iban a la misma iglesia, estas presuntas «amigas» no eran tal como se presentaban. No transcurrió mucho tiempo antes de que ocurriera lo impensable. Alcohol. Drogas. Policía. La hija de Candace terminó en un tribunal enfrentándose a un juez, junto con algunas otras adolescentes. ¿Quién se llevó el palo más grande, tanto por parte del juez como de los demás padres? Candace. Tal vez hayas experimentado algo parecido en tu casa. O quizás tienes extremada precaución para no ir nunca por ese camino. A pesar de todo, tienes que mantener bien abiertos tus ojos espirituales. Cuando tengas algo de tiempo libre, ora por tu casa. Ve de habitación en habitación, de puerta en puerta, y ora por cada parte. Ora para que la paz de Dios esté sobre todo aquel que entre y para que quienes habitan en la casa vivan en seguridad. Luego, haz un inventario de las cosas que has permitido en tu hogar. Empieza desde cero, y quita todo lo que no se alinea con la Palabra de Dios. Con un plan en marcha, tu hogar puede ser un puerto seguro para todo el que entre.

Ama la Palabra de Dios

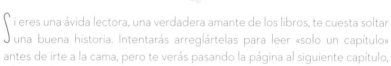

Ciertamente, la palabra de Dios es viva y poderosa, y más cortante que cualquier espada de dos filos. Penetra hasta lo más profundo del alma y del espíritu, hasta la médula de los huesos, y juzga los pensamientos y las intenciones del corazón.

HEBREOS 4:12 NVI

Si eres una ávida lectora, una verdadera amante de los libros, te cuesta soltar una buena historia. Intentarás arreglártelas para leer «solo un capítulo» antes de irte a la cama, pero te verás pasando la página al siguiente capítulo, y luego al siguiente. Las historias te cautivan, te atraen.

La Biblia está cargada de historias que cambian la vida, de esas que te mantendrán en vilo. Verdaderos héroes de capa y espada, que luchan contra formidables adversarios. Damas en aflicción. Hombres de valor. Mujeres de coraje. Las historias se entretejen dentro y fuera en un precioso orden, te atraen y te transmiten un resonante mensaje de fe. Lo mejor de todo es que sirven de ejemplo de fortaleza, de tenacidad y de presión bajo el fuego. En resumen, son mejores que cualquier historia de ficción que jamás leerás, porque estos héroes existieron de verdad. Caminaron por esta tierra y afrontaron muchos de los mismos retos a los que tú te enfrentas.

¿Te has parado a pensar en ello? Moisés fue muy real. También lo fue Abraham. Y Elías. Y David. Y Débora. Todos los grandes que marcaron la diferencia fueron hombres y mujeres reales que amaron al Señor con pasión, y vivieron para servirle. Sus historias son más que simples relatos sobre el bien y el mal; son imágenes reales de personas, como tú y como yo, que presentaron batalla cara a cara y ganaron.

¿Alguna vez te has preguntado si estos grandes hombres y mujeres se dieron cuenta de que sus historias se transmitirían? ¿Tenían alguna idea de que, miles de años después, las personas aprenderían de sus lecciones de vida? Es divertido pensar en cómo la historia del pueblo de Dios ha continuado, mucho después de los tiempos bíblicos, hasta el presente. Y tú formas parte de esa historia. Si los grandes escritores de la antigüedad escribieran aún historias de fe, la tuya se deslizaría justo al lado de las demás. La gente podría leerla centenares, o incluso millares, de años después.

Cuando consideras la Biblia en perspectiva, como algo más que un mero libro de historias... cuando lees sobre la vida y el ministerio de Jesús, y su viaje a la cruz... no puedes más que asombrarte de que esta maravillosa Palabra haya superado la prueba del tiempo y sea nuestra incluso hoy. Es, de lejos, el libro más valioso que jamás leerás, cargado de respuestas para cada pregunta, de ejemplo para cada reto de la vida, y de sabiduría para cada decisión. ¡No cabe duda de que te encantará, mujer de propósito! ¡En Él hallarás todo lo que podrás necesitar!

Bueno, ¿a qué estás esperando? Ve, agarra tu Biblia ¡y zambúllete! Hay héroes de fe que están aguardando para compartir sus historias.

....
....
....
....
....
....
....
....
....
....
....
....
....
....
....
....
....
....

Tu trabajo importa

Todo lo que quise lo hice mío; no me negué ningún placer. Hasta descubrí que me daba gran satisfacción trabajar mucho, la recompensa de toda mi labor.

ECLESIASTÉS 2:10 NTV

Piensa en las hormigas, todas alineadas en una fila, construyendo su montículo. Marchan sin detenerse, al unísono perfecto, hasta que el trabajo está hecho. Rara vez te encuentras a una de ellas fuera de la línea o rompiendo la fila. No, todas ellas permanecen juntas, porque han aprendido el secreto: su trabajo importa. Y cuando todas trabajan juntas, pueden lograr algo grande.

El cuerpo de Cristo está formado por todo tipo de personas, con toda clase de dones y habilidades. Tal vez pienses, desde un punto de vista general, que tu contribución es pequeña en comparación a la de los demás. Ves a la supertalentosa, y te encoges de hombros diciendo: *Bueno, yo nunca seré capaz de cantar como ella* o *Es posible que no pueda dar un estudio bíblico como esa mujer.*

Julia se sentía así... al menos durante un tiempo. Ayudaba en su iglesia los domingos por la mañana; hacía el café y preparaba bandejas de donuts. No es gran cosa, ¿cierto? A ella no le parecía demasiado. Llegó a conocer a una de las demás mujeres en la cocina, incluida Diana, que estaba atravesando una mala racha en su matrimonio. Julia escuchaba los problemas de Diana y oraba por ella. Sobre todo, proporcionaba un cálido abrazo, una sonrisa consoladora, junto con palabras de ánimo. Aun así, Julia no consideraba nada de esto un «trabajo para el reino».

¡Oh, pero lo era! Al igual que esas diligentes hormigas, Julia estaba marcando la diferencia. Era parte de algo superior a ella misma. Repartir café y donuts era parte del plan, sí, pero el plan mayor era su creciente relación con las mujeres con las que trabajaba. La vinculación. Crecer juntas. Vencer obstáculos.

Quizás seas como Julia. No consideras que tu «contribución» al cuerpo de Cristo sea significativa. Tal vez trabajar en la guardería parezca poca cosa en comparación con liderar la alabanza o dirigir el ministerio de mujeres. No es algo insignificante para esos bebés ni para sus madres. Tal vez hacer de voluntaria en la oficina de la iglesia un día a la semana ni siquiera parezca un trabajo en absoluto. Te lo pasas tan bien charlando con aquellos que vienen y van. ¿Y plegar boletines de la iglesia? Es puro deleite cuando compartes el trabajo con una amiga.

Tu trabajo importa. Y cuando todas trabajamos juntas, como esas hormigas, creamos algo hermoso, algo mucho mayor que nosotras mismas. Cada trabajadora es igualmente importante para el conjunto. Así que, piensa en ello la próxima vez que estés tentada a abandonar. Lo que tú haces marca una diferencia enorme para el cuerpo de Cristo.

Eres constante en la oración

. . . .

Alégrense en la esperanza, muestren paciencia en
el sufrimiento, perseveren en la oración.

ROMANOS 12:12 NVI

A principios del nuevo año, Julie tenía toda la intención de leer su Biblia cada día y de orar a una hora determinada. Lo hizo bien durante la primera semana o así, pero entonces comenzó a caer. Tener un tiempo apartado para leer y orar no siempre funcionaba para ella, y a menudo terminaba sintiéndose culpable si se lo saltaba.

Tal vez seas como Julie. Has intentado crear la rutina de leer y orar a la misma hora cada día. Para muchas mujeres, esto funciona de maravilla. Otras tienen problemas para ajustarse a un horario. Aunque es una idea fantástica intentar leer un cierto número de capítulos cada día, u orar durante un tiempo establecido, lo que verdaderamente importa aquí es mantener el deseo de encontrarte con el Señor y pasar tiempo con Él. Él busca tu corazón, no un número determinado de minutos.

Imagina que tuvieras una muy buena amiga, alguien con quien hablaras a diario. Ella sería tu persona «a quien recurrir» cuando tuvieras un problema. Las dos lo compartirían absolutamente todo. Entonces, un día, se casaría y se mudaría a otro estado. Aun así, se seguirían «viendo» en las redes sociales y, de forma ocasional, hablarían por teléfono, pero ella ahora estaría felizmente casada y no tan libre para hablar todo el tiempo. La echarías de menos, ¿no es así? Sobre todo, extrañarías el tiempo de conversaciones íntimas y el consuelo que sentías sabiendo que tenías a alguien a quien acudir.

Ahora piensa en ello a la luz de la oración. Dios es el Supremo a quien podemos acudir cuando necesitamos a alguien que nos escuche. ¿Esas conversaciones íntimas con tu amiga que echas en falta? El Señor está esperando que quieras compartirlas con Él. Eso es la oración… una conversación cara a cara con alguien a quien amas. ¿Y quién te ama más que Aquel que te creó?

Por tanto, deja de pensar en la oración como en algo que «tienes que hacer». No es un trabajo pesado. Es una dulce conversación de pasada. Es ese largo episodio de derramar tu corazón. Es un rápido y apresurado «¡Por favor Señor, protégeme!». Es un silencioso «Gracias por tus bendiciones, Padre», seguido de una lista de cosas por las que estás agradecida. Es un «No lo soporto, Señor» anegado en lágrimas cuando las cosas se están desmoronando y un «¡Alabado sea el Señor! ¡Aleluya!» cuando todo va bien.

En resumen, la oración es una conversación día tras día con Dios. A Él no le importa que te encuentres con Él a las seis de la mañana o de la tarde. Lo que le importa es tu deseo de venir a Él con todas tus preocupaciones, con lo que te afecta, con tus gozos, y con tus penas. Él se encontrará contigo allí y enjugará cada lágrima.

Transmite vida con tus palabras

....

Solo el Espíritu da vida eterna; los esfuerzos humanos no logran nada. Las palabras que yo les he hablado son espíritu y son vida.

JUAN 6:63 NTV

Las palabras tienen poder. ¡Cuán a menudo olvidamos esto! Nos quedamos atrapadas en el momento y decimos cosas como: «Esto no se me da bien», o «Nunca he sido guapa». Cuanto más decimos estas cosas negativas, más probable es que las creamos.

Dios quiere que nuestras palabras sean positivas, que sean acordes con la vida y la energía que nos impulsarán y nos animarán. Nuestras palabras también necesitan ser positivas cuando hablamos a los demás. A veces esto requiere pensar cuidadosamente antes de decir nada.

Susan tenía tendencia a hablar primero y a arrepentirse más tarde, sobre todo cuando se trataba de sus amigas. Ofrecía consejo de forma gratuita, incluso cuando ellas ni siquiera lo buscaban. Cuando su mejor amiga empezaba a salir con un chico por el que Susan estaba loca, ella lo decía. En voz alta. Y cuando otra amiga llevaba un vestido nuevo a una fiesta por la que ella no se había preocupado, lo hacía saber de una forma no tan halagadora. Sus palabras no dejaban a nadie con un sentimiento cálido y acogedor precisamente. De hecho, por lo general ella sacaba a la gente de quicio. A Susan no le preocupaba en absoluto herir los sentimientos en particular; simplemente decía lo que se le pasaba por la mente. Ni siquiera se andaba con rodeos cuando la aislaban. Muchas veces soltaba cosas como: «Oh, sé que estoy gorda. ¿A quién le importa?». Si a ella le importaba, nadie lo sabía. Ni siquiera se estremecía mientras pronunciaba esas palabras.

Muchas personas actúan así. Simplemente abren la boca y meten la pata. En lugar de pedir disculpas, la mitad de las veces ni siquiera se dan cuenta de que han herido los sentimientos. Quizá hayas estado en el lado del receptor. O tal vez, solo tal vez, seas más propensa a repartir golpes.

¿En qué parte del escenario encajas? ¿Piensas antes de hablar o lo vomitas todo? ¿Te preocupa herir los sentimientos o tu actitud es la de «no me importa»? Debería importante. ¡De hecho, debería importarte muchísimo! Debería importarte porque al Señor le importa. Se le rompe el corazón cuando nos ve hablando de forma negativa. La lengua es un arma poderosa que puede ser utilizada para un gran bien (para construir) o para un mal (para destruir). Es cierto que tu lengua tiene realmente el poder de la vida y de la muerte en ella; ¿no querrías ver que se usa para traer vida a aquellos que te rodean?

Piensa en las palabras que se dijeron sobre ti cuando eras niña, tanto las positivas como las negativas. Echaron raíz. Te afectaron (a veces hasta la edad adulta). Así de poderosas son las palabras. Tienen poder de cohesión. De modo que escógelas con cuidado. Se van a pegar a las personas durante mucho tiempo.

Tú crees en los milagros

Vuelvo a preguntarles: ¿acaso Dios les da al Espíritu Santo y hace milagros entre ustedes porque obedecen la ley? ¡Por supuesto que no! Es porque creen el mensaje que oyeron acerca de Cristo.

GÁLATAS 3:5 NTV

Miranda permaneció al lado de la cama de su prima, orando, orando y orando. Lilly había estado en coma durante tres días, y su pronóstico no era bueno. Los doctores no estaban seguros de que saliera adelante. Miranda se negó a abandonar. Asaltó las puertas del cielo, y le suplicó al Todopoderoso que restaurara la vida de su prima. Incluso cuando los demás le aconsejaban que lo dejara, ella sencillamente no podía.

Unas dos semanas después, Lilly mostró señales de mejora. Llevó tiempo, pero por fin salió del coma. El viaje fue largo y arduo, pero Miranda nunca abandonó. Oró de forma diligente y creyó con todo su corazón que Dios restauraría a su prima Lilly por completo. Lilly siguió mejorando, y por fin salió del hospital y regresó a la vida normal, sin indicio alguno de casi haber perdido la batalla.

Algún tiempo después, Miranda oró por su padre al que le diagnosticaron un cáncer. Esta vez, a pesar de su firme creencia en los milagros, él no sobrevivió. Falleció solo dos años después de la milagrosa recuperación de Lilly. Miranda quedó devastada durante una corta temporada, pero acabó afrontando el hecho de que Dios hubiera respondido, a su propia forma, a sus oraciones pidiendo un milagro. Al llevarse a su padre a su casa en el cielo, el Señor había proporcionado la sanidad suprema, esa en la que su padre ya no experimentaría más dolor. No lo comprendía, pero se reconcilió con el hecho de que Dios era soberano y su voluntad perfecta. En otras palabras, no necesitó tener respuesta a la pregunta de «por qué». Al menos no en esta vida. Tal vez un día tendría respuestas, pero mientras tanto continuaría confiando en Dios, y creería en grandes cosas.

No sabemos cómo acabarán las situaciones, pero sabemos que servimos a un Dios que obra milagros. Y aunque algunos crean que los milagros terminaron cuando murió el último apóstol, simplemente la Biblia no respalda esta opinión. Según la Palabra de Dios, los milagros siguen ocurriendo hoy, a nuestro alrededor. Y una mujer de propósito cree con todo su corazón en la capacidad de Dios de moverse en su vida, y en las vidas de las personas que la rodean, de una forma milagrosa. No, las cosas no siempre acaban de la forma que esperamos y oramos. Pero eso no detiene nuestras oraciones. Si somos diligentes en la oración, seremos testigos de muchos, muchos milagros en nuestra vida, personas sanadas de su enfermedad, seres queridos que salen airosos de accidentes de coche catastróficos, y mucho más.

¿Qué crees que Dios puede hacer hoy? Aférrate fuerte a tu fe, incluso cuando parezca imposible. Hoy podría ser el día en que el Señor te sorprenda con un milagro de proporciones bíblicas.

Tus mejores días están por delante

Muchos son los que dicen: ¿Quién nos mostrará el bien?
Alza sobre nosotros, oh Jehová, la luz de tu rostro.

SALMO 4:6 RVR1960

¿Alguna vez has mirado atrás en tu vida y has pensado, *¡Vaya, todo iba tan bien cuando era más joven!* Muchas de nosotras desearíamos poder volver atrás en el tiempo y revivir algunos de los «días buenos». Oh, las historias que podríamos contar sobre las aventuras que solíamos tener cuando éramos jóvenes.

Mujer de propósito, aquí tienes algo divertido en que pensar: ¡Tus mejores días están en realidad por delante de ti, no detrás de ti! ¡Es cierto! El camino que tienes ante ti está cargado de aventuras. Para algunas, esas son buenísimas noticias. Tal vez tu pasado no fue tan fabuloso, y estás contentísima con la idea de que lo que está por venir será mejor.

Sin embargo, algunas tienen problemas para creerlo. Considera por ejemplo a Donna. Bien entrada en los setenta años, se enfrentaba a la vida como viuda. No había planeado sobrevivir a su esposo, pero eso es exactamente lo que ocurrió. George falleció de repente, tras cuarenta maravillosos años de matrimonio. Esto dejó un vacío en el corazón de Donna, y en su casa. Tenía sus recuerdos y le hacían compañía. No tenía ningún sentido soñar con el futuro. De todos modos, no estaría por aquí el tiempo suficiente para disfrutarlo. Habiéndose marchado George, ¿qué le importaba?

Solo se *encontraba* ahí, para los años que tenía por delante. Donna disfrutaba de una salud excepcionalmente buena. Por fin se rindió ante la súplica de una de sus hijas, y se unió a un grupo de la iglesia que realizaban acolchados. No pasó mucho tiempo antes de que se convirtiera en la abeja reina del grupo, encabezando el pelotón en la realización de *Round Robins* y en los retiros de señoras que hacían acolchados. Lo mejor de todo es que fue capaz de crear un acolchado de recuerdos para conmemorar la vida de su esposo. Contemplar esa colcha le proporcionaba consuelo, no solo a Donna, sino también a su hija, y a sus nietos.

Algo maravilloso ocurrió cuando Donna se sumergió en su trabajo. Un celo renovado surgía en su corazón cada vez que alargaba la mano y tomaba los cuadrados acolchados. No era tan solo «algo que hacer»; las colchas le trajeron un gran gozo. Dar puntadas resultó terapéutico... sanador.

¿Eres como Donna? ¿Has decidido que tus mejores años han quedado ya detrás de ti? ¡No desistas! Eres una mujer de propósito, independientemente de tu edad o de tu situación. Si solo pudieras ver lo que el Señor ha planeado para ti en el camino que tienes por delante. ¡Deberías sentirte tan emocionada! Existen aventuras en abundancia, y tienes que sentir el entusiasmo de afrontarlas. De modo que, prepárate. Disponte. No te apoltrones en esa silla cómoda todavía, dulce hermana. El camino que tienes por delante te espera.

Tu trabajo no ha terminado

Obedece sus preceptos y normas que hoy te mando cumplir. De este modo a ti y a tus descendientes les irá bien, y permanecerán mucho tiempo en la tierra que el Señor su Dios les da para siempre».

DEUTERONOMIO 4:40 NVI

Muchas mujeres desean que lleguen sus años de jubilación para poder descansar de sus labores. No hay nada malo en ello. Pero mucho después de que termine tu época laboral, mucho después de que tus hijos crezcan y tu pelo se vuelva gris, el «trabajo» del Señor continúa.

Es divertido pensar en cómo puedes pasar tu tiempo marcando la diferencia en las vidas de los demás conforme pasan los años. Tal vez te presentarás voluntaria en un refugio para indigentes. Tal vez irás a viajes misioneros o ayudarás a construir hogares en *Habitat for Humanity*. Quizá trabajarás en el banco de alimentos de tu iglesia o ayudarás en el ministerio para niños. ¡Las opciones son interminables!

¡Tampoco hay razón para esperar hasta que lleguen los años dorados para tirarte de cabeza! Hay mucho trabajo por hacer. Hay gente indigente que necesita mantas, niños que necesitan abrazos, pastores que necesitan aliento. Hay familias con necesidad de alimento, amigos que necesitan cuidados, y niños de acogida que necesitan un cálido hogar. Este es un mundo muy grande con grandes necesidades.

¿Comienzas a entender el cuadro? Hay muchas personas para ser alcanzadas, muchas almas para ser ganadas, muchos prójimos creyentes con necesidad de amor... y tú tienes la capacidad de tocar a muchos de ellos. Pídele al Señor que te muestre cómo puedes hacer su obra. Cuando te sintonices con el aventurero plan de Dios para tu vida, no lo sentirás como un trabajo. Será para ti como una bendición. Esa es realmente la única palabra que describe el sentimiento que tendrás cuando estés en la sintonía de lo que el Espíritu Santo está haciendo.

¡Oh, qué asombroso ser usadas por Dios para tocar a los demás! ¿Existe realmente mayor gozo? Nos han dado este precioso tiempo en el planeta tierra, realmente un abrir y cerrar de ojos, para marcar una gran diferencia.

¿Qué papel desempeñarás? ¿Con cuántas personas te encontrarás en el cielo, cuyas vidas fueron impactadas de algún modo por la tuya aquí en la tierra?

Eres una bendición para el cuerpo de Cristo. Eres una mujer de propósito. Estás centrada en Dios, en los demás, y en tu propio crecimiento espiritual. Más que otra cosa, eres una mujer que les señala a los demás una nueva vida, una nueva esperanza. Y seguirás haciéndolo durante cada maravilloso momento de tu vida. Que Dios te bendiga ricamente mientras sigues trabajando para Él.

Índice de versículos

. . . .

Antiguo Testamento

Deuteronomio

4:40 184

31:6 94

2 Crónicas

15:7 10

Salmos

4:3 90

4:6 182

19:1 40

25:12 56

31:9 66

37:4 102

45:13 154

46:10 128

107:2 112

138:8 14

139:13 50

Proverbios

1:5 138

3:5-6 120

13:4 140

14:1 170

15:1 52

18:10 78

27:9 122

Eclesiastés

2:10 174

Isaías

60:1 144

61:1 86

61:3 92

Jeremías

29:11 168

Ezequiel

36:26 84

Amós

Amós 5:14 64

Habacuc

2:2-3 160

3:19 134

Nuevo Testamento

Mateo

5:16 118

6:33 96

7:11 42

8:26 148

12:37 36

Marcos

11:23 38

Juan

    3:16 12

    3:17 166

    6:63 178

    15:11 106

Hechos

    20:24 114

Romanos

    8:15 70

    12:2 28

    12:5 30

    12:12 . . . . 80, 110, 176

    12:21 156

    15:5 68

1 Corintios

    6:19-20 16

    6:20 142

    10:13 136

    12:27 76

2 Corintios

    4:16 NVI 22

    5:17 NVI 24

Gálatas

    3:5 180

Efesios

    4:7 116

    5:15 146

Filipenses

1:9 108

2:5-7 18

2:5 62

2:14 124

3:12 48

4:6 32

4:13 34

4:19 100

Colosenses

1:10 88

3:12 150

3:16 20

1 Tesalonicenses

1:3 72

3:9 54

5:1 46

1 Timoteo

4:15 126

2 Timoteo

2:15 26

Tito

1:8 152

Hebreos

1:3 132

4:7 60

4:10 82

4:12 172

Santiago

1:2 44

3:2 104

1 Pedro

2:9 8

3:3-4 162

1 Juan

1:4 74

2:1 158

2:5 130

4:9-12 6

4:16 58

4:16 164

4:18 98